Herbert Gschwendtner

Almschmankerl

Wandern und genießen im Salzburger Land

VERLAG ANTON PUSTET

Herbert Gschwendtner

Almschmankerl

Wandern und genießen im Salzburger Land

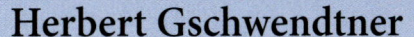

VERLAG ANTON PUSTET

Inhaltsverzeichnis

1 Trisslalm 13
2 Alpengasthof Finkau 15
3 Krimmler Tauernhaus 18
4 Berndlalm 21
5 Enzianhütte 26
6 Senninger Alm 29
7 Gollehenalm 33
8 Palfneralm 36
9 Bodenhaus 38
10 Ammererhof 40
11 Zimmererhütte 41
12 Naturfreundehaus Kolm-Saigurn . 42
13 Statzerhaus am Hundstein 44
14 Grießbachalm 45
15 Lindlalm 49
16 Berggasthof Lohfeyer/Litzlalm 53
17 Zachhofalm 56
18 Bürglalm 60
19 Pronebenalm 65
20 Dr.-Heinrich-Hackel-Hütte 69
21 Mahdegg Alm 73
22 Heinrich-Kiener-Haus 77
23 Meislsteinalm 81
24 Amoseralm 84
25 Kögerlalm 88
26 Pottingeralm 92
27 Kreealm-Bichlhütte 95
28 Talwirt/Talmuseum 96
29 Modereggalm 98
30 Oberhütte 102
31 Unterhofalm 107
32 Oberhofalm 109
33 Zauneralm 115
34 Granglerhütte 118
35 Landawirseehütte 123
36 Karalm 129
37 Rottenhofhütte 133
38 Rocheralm 137
39 Zillhütte 141
40 Christl Alm 145
41 Bergalm 149
42 Neureithütte 149
43 Mayerlehenhütte 155

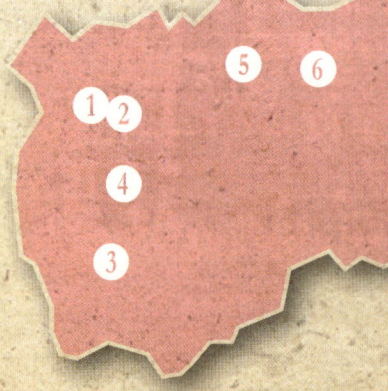

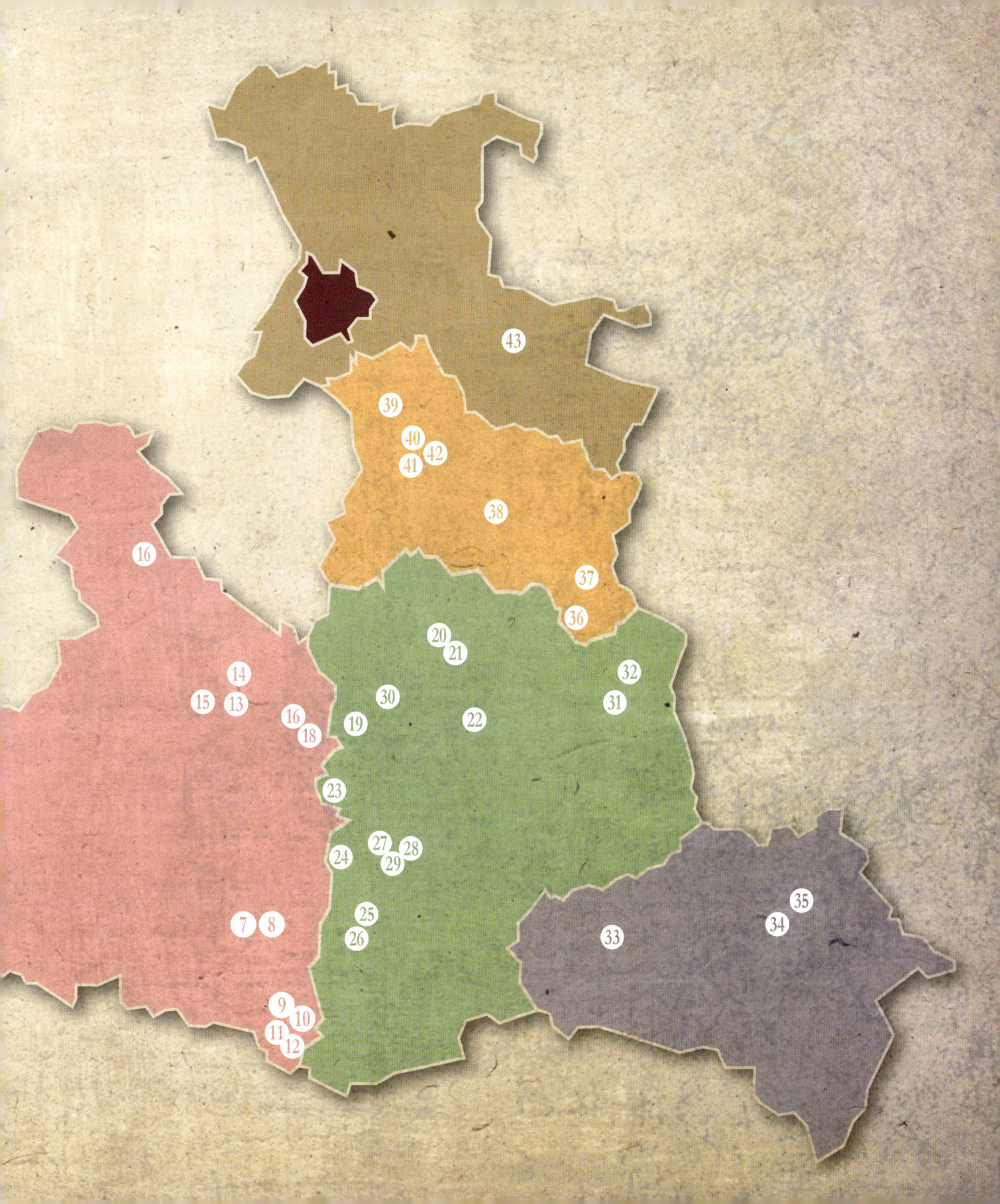

Vorwort

Wenn sich Herbert Gschwendtner einem Thema widmet, das mit Almen, Bergen und Schutzhütten zu tun hat, kann man sicher sein, dass er dies mit einer Gründlichkeit tut, die keine Frage mehr offen lässt. Vor allem auch, wenn man über die genussvolle Seite dieses Teiles unserer Bergwelt mehr erfahren möchte. Schließlich weiß man vom Herbert, dass er alles, worüber er schreibt, genau in Augenschein nimmt. Und so ist es auch mit den Köstlichkeiten, welche die Alm- und Bergwirtschaft zu bieten hat. Sie sind von ihm geprüft und verkostet. Unsereiner, der im Genuss steht, dieses Buch lesen zu können, kann sich wie gewohnt auf alle Informationen darin verlassen. Ein Kompliment, das heutzutage nicht mehr selbstverständlich ist.

Sepp Forcher

Salzburger ♥ Almsommer

Wer träumt nicht davon, an einem schönen Sommertag an die Holzwand einer Almhütte gelehnt die herrliche Landschaft zu genießen? Bei köstlichen Almschmankerln und einem Glas frischer Milch den Glocken des Almvieh zu lauschen, den nahen Brunnen plätschern zu hören und dabei die Gipfelwelt des Salzburger Landes zu betrachten. All das und vieles mehr gehört zu den Genüssen des Salzburger Almsommers. Aber auch der Juhschrei des Hüterbuben und das freundliche Lächeln der Sennerin oder des Senners, die sich trotz ihrer vielen Arbeit über jeden Gast freuen.

Ihre biologisch erzeugten Produkte sind es auch, die die Rast nach einer Almwanderung zum Erlebnis machen. Neugierig stimmen oft schon die Namen der Speisen wie etwa „Melkermuas", „Lärchenknödel", „Roggenbladln", „Wetzstoanudel" oder „Oischneidnidei". In der Almjause mit Bauernbrot, Almkäse, Almbutter und Bauernspeck steckt jener Geschmack, der so typisch für die Salzburger Almen ist.

Dass dieses Kulturgut Alm so ist, wie es ist, haben wir vor allem den Bauern zu verdanken, die keine Mühen scheuen, um die Hütten und die Almweiden in jenem Zustand zu erhalten, welcher eine Bewirtschaftung möglich macht. Wie anmutig sieht eine Almhütte mit Legschindeldach aus, welches mit Steinen beschwert ist. Die Ein-

friedungen der Almanger mit Girschtenzaun oder mit dem „Stoahag", die vielerorts noch zu finden sind. Da und dort gibt es noch Mühlräder, welche den Rührkübel antreiben und das „Buttern" erleichtern. Und auf kaum einer Alm fehlt das Almkreuz, ein Bildstock oder eine Kapelle. Hinzu kommt noch die Erhaltung bodenständiger Tierrassen, wie etwa des Pinzgauer Rindes, des Noriker Pferdes, des Steinschafs oder der Pinzgauer Ziege.

Volksbräuche wie Bergmesse, Weisenblasen, Hüatatanz oder Jaggasn gehen, wo um den Jakobitag die Bauern ihre Sennleute besuchen und nach dem Vieh sehen, sind eng mit Almen verbunden. Mancherorts ist auch das handwerkliche Geschick der Bauern und Sennleute auf dem Weg zu den Almen zu entdecken.

Um diese Besonderheiten zu bewahren und auch touristisch nachhaltig zu nützen, arbeiten der Almen- und Bergbauernverein, der Nationalpark Hohe Tauern, die Ferienregion Nationalpark Hohe Tauern, die Abteilung Volkskultur der Salzburger Landesregierung und vor allem auch die Salzburger-Land Tourismus GmbH, wo die Idee zur Kooperation zwischen Landwirtschaft und Tourismus sowie zum Konzept „Salzburger Almsommer" geboren und umgesetzt wurde, zusammen.

Schon an den Eingängen zu den Nationalparktälern stehen Informationshäuschen, die über den Nationalpark und über das jeweilige Tal Auskunft geben, um dem Besucher alles Sehens- und Wissenswerte in Form von Foldern, Plänen und Wanderführern zu bieten.

Über diese Informationen hinaus können Exkursionen mit Nationalpark-Wanderführern durch die wilde Urlandschaft und bergbäuerliche Kulturlandschaft im größten Schutzgebiet der Alpen unternommen werden. Die gut ausgebildeten Bergführer wissen, wo die großen Fünf zu sehen sind: Bartgeier, Gänsegeier, Steinadler, Steinbock und Gämse. Aber auch die kleinen Kostbarkeiten wie die Vielzahl der Singvögel, die Schmetterlinge und die unzähligen Pflanzen und Kräuter machen den Nationalpark Hohe Tauern aus, wie auch die Berge und Gletscher. Und all das im Land aus Bauernhand im Einklang mit der Natur.

Dokumentiert wird die Arbeit des Nationalparks Hohe Tauern im Nationalparkzentrum Mittersill mit einer sehenswerten Ausstellung. Alles über die größten Vögel im Nationalpark Hohe Tauern ist in Rauris-Wörth, im Haus „Könige der Lüfte" zu erfahren. Dem Leben unter Wasser ist im Wildpark Ferleiten ein Nationalparkhaus gewidmet, wo auch die Urforelle beheimatet ist.

Immer wieder aber steht eines im Mittelpunkt: die Almen des Salzburger Landes. So haben sich auch die Nationalparkgemeinden zur Ferienregion Nationalpark Hohe Tauern zusammengeschlossen und bieten dem Gast neben den Schönheiten der Natur in einer beschaulichen Erlebniswelt auch großartige Angebote und kulinarische Genüsse.

Untrennbar mit Land und Leuten, mit Natur und Brauchtum verbunden ist die Abteilung Volkskultur der Salzburger Landesregierung, die viel zur Erhaltung der Kulturgüter im ländlichen Raum beiträgt, damit all die volkskulturellen Besonderheiten erhalten bleiben und das Brauchtum gepflegt wird.

Welchen Erholungswert unsere Almen und die Bergwelt ringsum haben, wurde auch von den Touristikern bald erkannt. So wurde in der SalzburgerLand Tourismus GmbH in Zusammenarbeit mit dem Salzburger Almen- und Bergbauernverein das Gütesiegel „Salzburger Almsommer Alm" kreiert, welches mittlerweile eine Vielzahl der Salzburger Almhütten ziert und für jene Qualität bürgt, wie sie auf den Höfen und Almen des Landes produziert wird. Biologisch natürlich, wie sie auch in diesem Buch zu finden sind. Almen, wo der Reiz des Wanderns in der Schönheit der Berg- und Almlandschaft, der Natur, der Volkskultur und in den kulinarischen Genüssen liegt.

Pinzgau

Finkau ♥ Wildgerlostal
Nationalpark Hohe Tauern

Vom Gerlospass zweigt die Zufahrtstraße in die Finkau ab und führt entlang des Durlassboden Stausees in das bekannte Ausflugsgebiet. Nach dem Stausee geht es am Rand einer biotopen Landschaft und an schönen Weideflächen entlang zum glasklaren Finkausee.

An diesem idyllischen Gewässer liegt der Alpengasthof Finkau in 1400 Meter Höhe, dessen Umgebung ein wahres Familienparadies ist.

Ein kurzes Stück weiter taleinwärts lädt ein Kreuz an einem Felsen mit einem Bankerl zur inneren Einkehr. Nahe der Brücke über die Wilde Gerlos zweigt links der Weg zur Finkaukapelle ab, die dem heiligen Leonhard geweiht ist. Dieser Abstecher dauert nur wenige Minuten und lohnt mit einer Aussicht

über den Finkausee und durch das Tal. Zurück bei der Brücke beginnt der gut ausgebaute Weg durch die Leiterkammerklamm, die mit ihren Aussichtskanzeln interessante Tiefblicke gewährt. In dieser Schlucht macht die Wilde Gerlos ihrem Namen alle Ehre.

Am oberen Ende der Klamm öffnet sich dann das Nationalparktal in seiner vollen Schönheit. Mächtig ragen die Gipfel der Reichenspitzgruppe in den Himmel, während die Wilde Gerlos nun recht zahm das Tal durchfließt. Unterhalb des Talweges nahe der Trisslalm fällt eine Hütte mit Mühlrad auf. Es treibt eine vom Nationalpark Hohe Tauern erbaute und betreute Schaudrechslerei an, in der den Besuchern das Drechseln früherer Zeiten demonstriert wird. Auskunft über die Vorführungszeiten erteilen der Nationalpark Hohe Tauern und die Oberpinzgauer Tourismusverbände.

Trisslalm ❧ (1583 m)

Direkt oberhalb der Schaudrechslerei, in dem an Tirol grenzenden Wildgerlostal, liegt die beliebte Trisslalm von Annelies und Hansjörg Eberharter. Die Besonderheit einer Almeinkehr machen wohl die vielen Alm- und Hofprodukte aus sowie der Melker Hansjörg Eberharter, der für sein „Melkermuas" bekannt ist – eine deftige Pfannenspeise. Um an seine Milch zu kommen, hat er sich einen fahrbaren Melkstand angeschafft, mit dem er durch das Tal zu seinen Kühen fährt.

Ausdauernde Wanderer können von der Trisslalm in zweieinhalb Stunden durch dieses nur fünf Kilometer lange, vollkommen naturbelassene Tal zur Zittauerhütte (2328 m), einem hochalpinen Schutzhaus des Österreichischen Alpenvereins, aufsteigen. Die Schutzhütte liegt auf einem herrlichen kleinen Plateau, wo sich gleich dahinter die Reichenspitzgruppe im unteren Wildgerlossee spiegelt. Die Hüttenwirtsleute Barbara und Hannes Kogler verwöhnen Bergsteiger und Wanderer mit Pinzgauer Schmankerln und traditionellen Gerichten.

❧ Gehzeit vom Alpengasthof Finkau zur Trisslalm: ½ Stunde, 160 Höhenmeter.
❧ Gehzeit vom Alpengasthof Finkau zur Zittauerhütte: 3 Stunden, 900 Höhenmeter.

Das Melkermuas nach Hansjörg Erberharter

Zubereitung ❧

Butter in einer Eisenpfanne zerlassen, Mehl einrühren und leicht zu einer weißen Einbrenn anschwitzen. Anschließend die Milch dazurühren, bis die Flüssigkeit eindickt. Die breiige Masse ist das sogenannte Vorkoch (wirklich gut rühren, sonst brennt es an).

Das Vorkoch kurz zur Seite stellen und in einer zweiten Eisenpfanne einige Butterflocken zerlassen. Dann das Vorkoch darin backen und ständig etwas rütteln. Damit das Melkermuas nicht anbrennt, sollten immer wieder einige Butterflocken dazugegeben werden. Wenn sich das fester werdende Muas vom Pfannenrand gut löst, wird es durch Pfannenschupfen umgedreht und auf der zweiten Seite gebraten. Dieser Vorgang wiederholt sich so lange, bis es auf beiden Seiten schön braun ist. In der Pfanne serviert und mit Preiselbeermarmelade gegessen, stillt es jeden noch so großen Hunger.

Zutaten ❧

60 g Mehl
150 g Butter
300 ml Milch
einige Butterflocken zum Backen
Salz

Finkauer Hirschragout

Zutaten für 4 Personen ❧

800 g Fleisch vom Hirschschlögel, ausgelöst
3 Karotten, ½ Sellerie
500 g Zwiebel
250 ml Rotwein
2 EL Tomatenmark
500 ml Wildfond
Wacholderbeeren, Rosmarin, Thymian,
Koriander, Salz, Pfeffer, Öl

Zubereitung ❧

Fleisch in etwa 50 g schwere Würfel schneiden. Zwiebel, Sellerie und Karotten schälen und in kleine Würfel schneiden. In einem breiten Topf Öl erhitzen, Fleisch darin rundum anbraten, dann herausnehmen. Im Bratrückstand Zwiebel, Sellerie und Karotten dunkelbraun rösten, Tomatenmark beigeben und kurz mitrösten. Mit Rotwein ablöschen und mit Wildfond aufgießen. Gewürze beifügen und den Ansatz 20 Minuten köcheln lassen. Anschließend durch ein Sieb passieren. Fleisch in die Soße einlegen, bei geringer Hitze halb zugedeckt 50 Minuten weich kochen und abschmecken.
Auf der Alm wird das Wildragout mit Apfelrotkraut und Vanillekroketten serviert.
Als Beilagen eignen sich aber auch einfaches Blaukraut und Semmelknödel.

Alpengasthof Finkau ❧ (1420 m)

Der Alpengasthof Finkau liegt am tiefgrünen Finkausee in einer Höhenlage von 1420 Meter. Ein Infostand des Nationalparks Hohe Tauern, ein Kinderbauernhof mit Streicheltieren, eine Steinwaschanlage und ein großer Spielplatz umgeben das Gelände rund um den romantisch gelegenen Alpengasthof, dessen Stuben waidmännische Trophäen zieren, die schon kulinarische Wildspezialitäten erahnen lassen.

Information ❧

Gasthof Finkau und Trisslalm

Johanna und Franz Ensmann-Heim

Oberkrimml 120, 5743 Krimml

Tel.: +43 (0)6564 8380

E-Mail: info@finkau.at, www.finkau.at

Die Trisslalm ist von Anfang Juni bis Anfang Oktober bewirtschaftet.

Touristenattraktion und Naturschauspiel der Superlative sind die weltberühmten Krimmler Wasserfälle. Mit einer Gesamtfallhöhe von 380 Metern handelt es sich um die höchsten in ganz Europa. Bei extremem Hochwasser stürzen hier bis zu 380 Kubikmeter Wasser in der Sekunde zu Tal. Über den Wasserfallweg beginnt eine dreieinhalbstündige Wanderung, die überaus reich an Naturschönheiten, Erlebnissen und Geschichten aus der Zeit des Saumwesens ist. Der Krimmler Tauern war neben dem Hochtor am Großglockner über Jahrhunderte hinweg einer der bekanntesten Tauernübergänge nach Süden. An der ersten Wasserfallstufe gibt es besonders imposante Aussichtskanzeln. Eine davon befindet sich beim sogenannten „Jagasprung", dem eine Wilderergeschichte anhängig ist: In dieser Gegend wurde ein Wilddieb von den Jägern gestellt, der schließlich an diesem Platz einen überaus gefährlichen Sprung wagte, um den Verfolgern zu entkommen. Der Sprung gelang und die Jäger hatten das Nachsehen, da ihnen zur Nachahmung der Mut fehlte.

Nach der ersten Stufe lädt der Gasthof Schönangerl zur Zwischenrast, bevor der Aufstieg über die zweite, ebenso interessante Etappe beginnt.

Oberhalb der Wasserfälle wird der Talweg flach und führt zunächst durch das sogenannte „Gemäuer", eine Wegstrecke, an der die Krimmler Ache ihre Wildheit zeigt und sich zwischen mächtigem Felsblockwerk den Weg zu den Wasserfällen sucht.

Oberhalb des Schönrainbühel weitet sich das Tal, der Weg wird ganz flach und weist nur mehr da und dort kurze Steigungen auf. In weiten Schleifen fließt hier die Ache still durch den flachen Talboden.

An der rechten Talseite erstreckt sich der größte Zirbenwald des Landes von den Wasserfällen bis zum Krimmler Tauernhaus.

Nun geht es von Alm zu Alm. Zunächst sind es drei bewirtschaftete Almen, auf denen sich gerne müde Wanderer mit den Almprodukten stärken. Es sind dies die Veitenalm, die Hölzlahneralm und die Söllnalm.

Mit Almromantik geht es weiter taleinwärts. Von den Weiden klingen die Kuhglocken. Almblumen und Kräuter säumen den Weg. Beim Hofer Alpl steht eine Almkapelle mit einem Rastbankerl, dann führt die Route vorbei an der Prosingalm zur Mühleggalm. Vor einigen Hundert Jahren war hier auch einmal eine Ausschank, eine ganz besondere – heute würde man sie zum Rotlichtmilieu zählen, frei nach dem Motto: „Auf der Alm, da gibt's koa Sünd". Sie soll nur von Haderlumpen und zwielichtigem Gesindel besucht worden sein.

Über Humbachalm, Schachenalm und Blitzbühelalm kommt man schließlich zum geschichtsträchtigen Krimmler Tauernhaus in 1631 Meter Höhe, welches erstmals am 27. August 1389 urkundlich erwähnt wird und heute noch ein wichtiger Stützpunkt für Wanderer und Bergsteiger ist. Direkt hinter dem Tauernhaus zweigt das Rainbachtal ab, an dessen

Ausgang ebenfalls ein malerischer Wasserfall rauscht. Geübte und ausdauernde Wanderer steigen durch dieses Tal in zweieinhalb Stunden zur Richterhütte auf, die von Mitte Juni bis Ende September bewirtschaftet ist.

Etwa eine Viertelstunde nach dem Tauernhaus zweigt bei der Äußeren Unlassalm rechts das Windbachtal ab, welches sich bis zum Krimmler Tauern (2634 m) erstreckt. Seinerzeit wurde ja über den Krimmler Tauern der Handel gegen Süden betrieben. Ein Weg, der schon vor 5000 Jahren von den Kelten erbaut wurde. Am Ende des Zweiten Weltkrieges, am 29. April 1945, kamen alleine an diesem Tag über mehr als 10 000 Soldaten über den Krimmler Tauern zurück in die Heimat.

Am Talboden des Achentales liegt etwa eine Dreiviertelstunde nach dem Krimmler Tauernhaus die Jaidbachalm, wo an Vormittagen die Sennerin

Marianne Steger zum Schaukäsen einlädt. Im Talschluss wartet schließlich noch eine eineinhalbstündige Tour zur Warnsdorfer Hütte. (Auskunft unter www.alpenverein.at/warnsdorf-krimml/)

Krimmler Tauernhaus ❧ (1631 m)

Schon vor Jahrtausenden führte ein Handelsweg als Verbindung zwischen Nord und Süd durch das Krimmler Achental und über den Krimmler Tauern. Das Krimmler Tauernhaus ist untrennbar mit der Geschichte dieses Handelsweges verbunden. In alten Urkunden wird dieser Stützpunkt als „Die alte Taferne in der Achen" genannt. Schon im Jahr 1507 war es zum ersten Mal im Besitz der Vorfahren der Familie Geisler. Nach etwa 175 Jahren wechselte es jedoch einige Male den Besitzer, bis es 1906 vom damaligen Nationalrat Simon Geisler durch Kauf wieder in den Familienbesitz kam.

Somit ist die Familie Geisler seit über 100 Jahren erneut hier ansässig. Die Geschichte des Hauses ist im Hausmuseum mit vielen Raritäten anschaulich dargestellt.

Stolz ist man vor allem auf die eigene Landwirtschaft. So weidet hier in über 1600 Meter Höhe das Vieh Gras und Alpenkräuter, und der Boden wird nur natürlich und ohne Chemie gedüngt. Die Produkte, die im Tauernhaus auf den Tisch kommen, stammen zu 90 Prozent aus der eigenen Landwirtschaft. Sämtliche Milchprodukte und Fleischgerichte, Speck und Wurst werden direkt am dazugehörigen Hof erzeugt. Das Haus ist ganzjährig bewirtschaftet, aber im Winter nur zu Fuß oder mit dem Pistentaxi erreichbar. Die Wirts- und Bauersleute Friedl und Gundi Geisler überraschen mit deftiger Hausmannskost und feinen Wildspezialitäten. Wer einmal Gundis „Oischneidnidei" gegessen hat, den wird diese Spezialität immer wieder ins Achental locken.

„Oischneidnidei" = Erdäpfelnidei nach Krimmler Tauernhaus Art

Zutaten für 2 Personen ✀

4 mittelgroße gekochte Erdäpfel
200 g glattes Mehl
1 Ei
2 Prisen Salz
etwas Muskatnuss
100 g Butterschmalz zum Backen
Sauerkraut als Beilage

Zubereitung ✀

Erdäpfel fein reiben, alle Zutaten
daruntermischen und zu einem
mittelfesten Teig verarbeiten. Teig in
Scheiben schneiden und diese auf einem
bemehlten Brett händisch fingerdick
ausrollen. Dann in eineinhalb Zentimeter
lange Stücke schneiden („Oischneidn"), im

Butterschmalz bei mittlerer Hitze goldbraun
braten und mit Sauerkraut servieren.

Im Tauernhaus stehen 60 Schlafplätze zur Verfügung. Es ist bei Familien als Ferien- und Ausflugsziel beliebt und ein idealer Stützpunkt für Wanderungen und größere Bergtouren.

✀ Gehzeit: Über den Wasserfallweg zum Krimmler Tauernhaus 3 ½ Stunden, 550 Höhenmeter. Bei Bedarf kann mit dem hauseigenen Zubringerdienst bis zum Tauernhaus gefahren werden. Abfahrt ab P3 in Krimml um 8.45 Uhr und 10.30 Uhr.

Information ✀

Krimmler Tauernhaus

Familie Geisler

Krimmler Tauernhaus 27, 5743 Krimml

Tel.: +43(0)664 2612174

E-Mail: info@krimmler-tauernhaus.at

www.krimmler-tauernhaus.at

Das Krimmler Tauernhaus

ist ganzjährig bewirtschaftet

Das Obersulzbachtal wird auch das „Tor zum Venediger" genannt. Von Neukirchen am Großvenediger führt die Zufahrt über den Ortsteil Sulzau zum Hopffeldboden, wo ein bewachter Parkplatz die Fahrzeuge vor Schäden durch Weidevieh bewahrt. Von diesem Platz aus betreiben die Wirtsleute des Tales auch einen Taxi-Zubringerdienst.

Markant auf dem Weg an der Obersulzbachache sind die rostrot gefärbten Steine seitlich des Baches. Es handelt sich dabei um die Ziegelrote Veilchenalge (Trentepohlia iolithus), die vorwiegend auf Silikatgestein vorkommt. Wenn diese Alge feucht wird, verströmt sie einen leichten Veilchenduft, was ihr auch den Namen einbrachte.

Durch die Enge des Tales steht ein eineinhalbstündiger Aufstieg zur Berndlalm bevor. Kurz vor dem gastlichen Haus genießt man noch den Blick auf zwei glitzernde Wasserfälle. Zuerst auf den hohen Seebachfall und dann von einer Aussichtskanzel zum Gamseckfall hinunter. Bei der Berndlalm weitet sich das Sulzbachtal und gibt den Blick zum Großen Geiger (3360 m) und zum Obersulzbachkees frei.

Gleich nach der Berndlalm liegt malerisch die Mühlhofalm mit der Berndlalmkapelle am Weg. Nur wenig weiter findet sich direkt neben dem Weg das Naturdenkmal „Eiszeitliche Gletschertöpfe", geschaffen von mahlendem Stein im sich drehenden Wasser.

Taleinwärts wird die Landschaft rauer, große und kleine Felsblöcke bedecken den Almboden. Auf dem einstündigen Weg von der Berndlalm

über die Poschalm und Foißenalm zur Postalm ist zwischen diesen Felsen oft kaum das Weidvieh auszumachen. Der Baumbestand im Tal setzt sich vorwiegend aus Fichten und Zirben zusammen. Dann erreicht man die von Familie Pichler bewirtschaftete Postalm. So mancher Wanderer kommt allein schon wegen des flaumigen Topfenstrudels der Hüttenwirtin Trude her und rastet hier in der Wildnis des Tales. Bergsteiger und ausdauernde Wanderer unternehmen von der Postalm noch den zweieinhalbstündigen Aufstieg zur Kürsingerhütte (2500 m). Der Weg zu dieser Schutzhütte des Österreichischen Alpenvereins (Sektion Salzburg) führt zunächst an der Bergrettungshütte (1800 m) vorbei zum Keesboden (1930 m), wo dann die riesigen Seitenmoränen des Obersulzbachkeeses zu sehen sind. Am Keesboden wird auch der

Gletscherschwund augenscheinlich, da der Gletscher noch vor hundert Jahren bis hierher reichte und heute bis weit über die 2000-Meter-Marke zurückgegangen ist. Bergsteiger nützen die Kürsingerhütte als Stützpunkt, um vielleicht am nächsten Tag die hochalpine Tour zum Großvenediger (3660 m) in Angriff zu nehmen.

Berndlalm ✌ (1514 m)

Seit 1907 ist die Berndlalm in Familienbesitz, wobei durch Heirat mehrmals der Familienname wechselte. Die Seele der Alm sind heute noch die Seniorwirtsleute Franz und Helene Wechselberger, die so manches über Haus und Tal zu erzählen wissen. Geführt wird die Alm aber von Hans und Elisabeth Hofer. Seit der Erstbesteigung des Großvenediger am 3. September 1841 hat der

Bergsteiger-Tourismus ständig zugenommen und dadurch auch das Tal belebt. Die Sennerin Katharina Scharler, Berndltochter aus Neukirchen am Großvenediger, verstand schon früh das Geschäft mit den Touristen. 1907 begann sie mit einer kleinen Ausschank auf der Alm. Damals kamen die Bergsteiger per Bahn angereist, um den Venediger zu besteigen. Ein Unternehmen, welches Geduld und Zeit in Anspruch nahm. So ging es vom Bahnhof Rosental über Berndlalm und Postalm zum höchstgelegenen Stützpunkt Kürsingerhütte. War das Wetter schlecht, wurde auf einer der genannten Almen eine Wetterbesserung abgewartet. Katharina war damals berühmt für ihre Brathendl. Natürlich nahm die Zubereitung viel Zeit in Anspruch, suchten doch die Hühner bei der Bestellung noch ihr Futter rund um die Almhütte oder saßen gar in den Ästen der Fichten und mussten erst gefangen, geschlachtet, gerupft, ausgenommen und gebraten werden. So kam es, dass beim Aufstieg schon das Hendl für den Rückweg bestellt wurde.

Selbige Sennerin baute dann auch 1937 die heutige Gastwirtschaft Berndlalm. Die Wirtsleute Hans und Elisabeth Hofer übernahmen den elterlichen Betrieb 2002 und ergänzten ihn durch einen großen Kinderspielplatz und einen Streichelzoo. Aus der Küche locken heute Hüttenspezialitäten wie Erbsensuppe, Hubertusschnitzel, Pinzgauer Gröstl und eine herzhafte Almjause. Nach einem ausgiebigen Almbraten stillt das „Moosbeeromelette mit Vanilleeis" den süßen Hunger.

Moosbeeromelette

Zutaten pro Person

3 EL Mehl
2 Eier
Milch nach Bedarf
Moosbeeren (Schwarzbeeren, Heidelbeeren)
Staubzucker
etwas Öl
Schlagobers zum Verfeinern

Zubereitung

Eier und Milch aufsprudeln und mit Mehl verrühren, bis ein glatter, relativ flüssiger Teig entsteht. Etwas Öl in der Pfanne erhitzen, einen Schöpfer Teig in die erhitzte Pfanne gießen und leicht schwenken, damit der Teig sich gleichmäßig verteilt. Schnell die frischen Moosbeeren (Schwarzbeeren, Heidelbeeren) darauf verteilen und die Pfanne zudecken, damit der Teig schön aufgeht. Bei geringer Hitze das Omelett anbacken, bis es an der Unterseite eine leicht bräunliche Färbung hat.
Die große Kunst, ein schönes Omelette zu bekommen, besteht im Wenden.

Am besten mit dem Deckel stürzen und von diesem wieder in die Pfanne gleiten lassen. Deckel abspülen und wieder auf die Pfanne setzen. Nachdem die zweite Seite fertig gebacken ist, das Omelette zusammenklappen. Mit Staubzucker bestreuen und mit einem Häubchen Schlagobers und einer Kugel Vanilleeis servieren.

Information

Berndlalm

Hans und Elisabeth Hofer

Wiesen 287, 5741 Neukirchen am Großvenediger

Tel.: +43 (0)6565 6566

www.berndlalm.at

Bewirtschaftet von Anfang Mai

bis Mitte Oktober

Leuchtend grün, hexagonal in seiner Form und bei Mineraliensammlern heiß begehrt ist der Smaragd. Die Leckbachrinne im Habachtal gilt als einziges Smaragdvorkommen Europas. Seit im Sommer 2002 eine riesige Mure von der Rinne abgegangen ist und sich bis zum Talweg vorgeschoben hat, ist sie Treffpunkt für Interessierte und Mineraliensammler.

Am Eingang in dieses Nationalparktal kann sich jeder bei der Nationalpark-Informationsstelle beim Parkplatz mit Auskünften und Broschüren ausstatten.

Hier beginnt bei einem Felsentor auch der Smaragdweg und führt auf unterhaltsame und lehrreiche Art ins Tal hinein. Zunächst sind es die Nähe des Wildbaches und sein ungezügeltes Rauschen, dann die magische Kraft einer Granitkugel mit einer Metallspirale, umgeben von sprudelndem Wasser, die den Wanderer bezaubern. Am „Grünen Boden" beeindruckt die Geologie des Habachtales. Beim Kramer Bühel wartet das Quellenreich mit einem Weg durch lichten Wald und über kleine Brücken auf. Unzählige Quellen sprudeln direkt aus dem Boden und ein Brunnen stillt den Durst. Dann findet man sich auf einem Felsen mit Plattform mitten im Wildbach, und darunter sprudelt das tosende Nass, das hautnah seine

Gischt spüren lässt. Nicht genug der Eindrücke, führt der Weg weiter zum Echostein und zu einem Felsen, an dem ein hölzerner Hirte die Geschichte der Fazenwand erzählt. Am Schauplatz Geologie weitet sich das Tal und der Blick reicht zwischen den Steinblöcken zum Habachkees zurück. Ganz nah ist hier schon die erste Einkehr bei der Enzianhütte.

Von der Schutzhütte geht es weiter taleinwärts. Quasi um die Ecke bietet sich ein Felsen zum Klettern an und etwas weiter am Smaragdweg gewährt ein Baumstamm aufschlussreiche Durchblicke. Zwanzig Gehminuten nach der Enzianhütte liegt der Almgasthof Alpenrose und nur wenige Schritte dahinter die Smaragdmure. Smaragde liegen natürlich nicht an der Oberfläche

herum, es bedarf einiger Arbeit, um diese grünen Kostbarkeiten aus dem Schuttmaterial der Mure am durchfließenden Bach herauszuwaschen. Das Werkzeug dazu verleihen die Wirtsleute im Gasthof. Die Nähe des Gastbetriebes ist ein besonderes Zuckerl für die Gäste des Tales, macht doch das Schürfen und Waschen durstig und hungrig. Überdies sind hier auch Smaragdfunde ausgestellt, die man erwerben kann. Auch wenn schon seit vielen Jahren nach Smaragden gesucht wird, ist erst eine ganz geringe Menge der riesigen Geröllmasse von Sammlern durchgewaschen worden, was noch ein jahrzehntelanges Smaragdfinden in leichtem Gelände verspricht.

Ein Kleinod ist am Ende des Talweges bei der Moa-Alm zu finden. Dieses Almensemble ist nicht touristisch bewirtschaftet, aber mit dem Schwarzkopf, dem Kratzenberg und Habachkees im Rücken ein beliebtes Fotomotiv. Der Nationalpark Hohe Tauern bietet hier im Sommer eine wöchentliche Führung mit einem Nationalpark-Ranger zur Wildtierbeobachtung an. Auskunft erteilen der Nationalpark Hohe Tauern und die Tourismusbüros im Oberpinzgau.

Für geübte Bergwanderer gibt es außerdem, vom Talschluss ausgehend, eine großartige Tagestour hinüber in das Hollersbachtal.

Der Weg führt zunächst in drei Stunden zur bewirtschafteten Thüringer Hütte, die auch eine Nächtigungsmöglichkeit bietet (DAV-Sektion Thüringen).

Von der Thüringer Hütte steigt der Weg weiter in zwei Stunden zum 3017 Meter hohen Larmkogel, wo es nach einem eineinhalbstündigen Abstieg zur Neuen Fürther Hütte (DAV-Sektion Fürth) in das Hollersbachtal geht.

Enzianhütte ✿ (1313 m)

Die Enzianhütte auf der Hauseralm im Habachtal ist eine neue, aus Holz gezimmerte Schutzhütte mit einladendem Gastgarten, Murmeltierspielplatz und einem kleinen Streichelzoo. Gleich dahinter liegt die zur Enzianhütte gehörende Hauseralm. Reinrassige Pinzgauer Kühe bevölkern die Weide und untermalen mit ihren Kuhglocken die Almstimmung. Glückliche Schweine laufen frei auf dem Almboden herum. Vom gegenüberliegenden Berghang rauscht der Wildenkar-Wasserfall. Erbaut wurde die Schutzhütte von der Familie Blaickner im Jahr 2008. Ausstattung und Küche werden selbst verwöhnten Ansprüchen gerecht. Prächtige Almglocken zieren die große, gemütliche Gaststube, und bei kaltem Wetter wärmt ein Kachelofen. Die heimelige Romantikstube verführt oft zu einem längeren Aufenthalt als eigentlich geplant.

Vorrangig ist man in der Küche darauf bedacht, Produkte von der Alm und vom Bauernhof zu verwenden. Joghurt mit Früchten, Frischkäsekräuterrösti auf gemischtem Salatteller, Kasnocken, Spinatspätzle und Jägerschnitzel verwöhnen den Gaumen. Absoluter Nachspeisenhit sind die gebackenen Apfelradln.

✿ Gehzeit: Über den Smaragdweg zur Enzianhütte 1,5–2 Stunden, 550 Höhenmeter.

Gebackene Apfelradln

Zutaten ✎

500 ml warme Milch
5 EL glattes Mehl
1 Messerspitze Backpulver
1 Prise Salz
1 Stamperl Rum (37 %)
2 Eier
Zimt und Staubzucker
zum Bestreuen
Öl zum Backen

Zubereitung ✎

Milch und Mehl verrühren, dann Salz, Backpulver und Rum dazumischen. Eier untermischen und zu einem glatten Teig vermengen. Die geschälten und entkernten Äpfel in 4–5 Millimeter dicke Scheiben schneiden, in den Teig eintauchen und in heißem Öl schwimmend herausbacken. Auf einem Stück Küchenrolle gut abtropfen lassen und mit Zimt und Zucker bestreuen. Nach Geschmack mit Preiselbeer-marmelade garnieren.

Information ✎

Enzianhütte, Elisabeth und Alois Blaickner
Schönbach 2, 5733 Bramberg
E-Mail: info@hauserhof.at
Internet: www.hauserhof.at
Tel.: +43 (0) 6566 7383
Geöffnet von Mitte Mai bis Mitte Oktober.
Übernachtungsmöglichkeiten:
12 Lagerplätze, 40 Betten in Mehrbettzimmern
mit Dusche und WC

Von der Seestube am Beginn des Hollerbachtales geht es schon bald entlang des Bachlehrpfades in einer Grauerlenau mit Schautafeln tiefer ins Tal. Das Rauschen des Wassers, Farne, Moose und gelbe Leuchtflechten sind ständige Begleiter auf diesem Weg. Kurz vor der Senninger Alm mündet er nach eineinhalb Stunden Gehzeit in den breiten Talweg. An diesem ist die jahrhundertealte Pinzgauer Zaunkultur recht eindrucksvoll dokumentiert. Alte Girschtenzäune, deren Baukunst schon fast ausgestorben war und vom Nationalpark Hohe Tauern wieder gefördert wird, grenzen die Viehweiden ab. Diese gesteckten Holzzäune wechseln streckenweise in Steinzäune über, „Stoahag" genannt, deren Entstehung schon vor Jahrhunderten der Entsteinung von Weiden

zu verdanken war. Von der Senninger Alm führt diese Tauerntalwanderung über die Ottingalm zur Edelweißhütte. Hier erschließt sich ein idyllischer Blick zur gegenüberliegenden Scharreralm. Dieses Ensemble mit dem seitlich dahinterliegenden Wasserfall zählt zu den schönsten Motiven des Tales. Über Schuhbichlalm und Rossgrubenalm geht es zum Ofnerboden im hinteren Teil des Tales. Der Ofnerboden mit seiner biotopen Landschaft, die ein kleiner See und eine aus Stein gemauerte Almhütte schmücken, gehört zu den Naturschätzen der Region. Die Schotterstraße endet bei der Materialseilbahn-Talstation der Neuen Fürther Hütte in einer Höhenlage von 1650 Meter.

Bergwanderer, die zur Neuen Fürther Hütte (2201 m) aufsteigen, nehmen häufig den Zubringerdienst (+43 [0]664 86 06 787) und vom Berghof das Taxi (+43 [0]6562 8218) in Anspruch, da die Wanderung von der Seestube zur Materialseilbahn allein schon 13 km lang ist und etwa vier Stunden dauert.
Auf dem serpentinenreichen Anstieg von der Materialseilbahn zur Neuen Fürther Hütte sollte am Hangtörl bei einem großen Steinmandl Zeit

Senninger Alm ～ (1132 m)

In der Mitte des Tales ist schon von Weitem die romantisch gelegene Senninger Alm zu sehen. Einladend lockt die Terrasse, die Stuben sind äußerst gemütlich, und im Innenhof findet sich ein schöner, windgeschützter Gastgarten mit Brunnen und vielen Blumen.

Die alte Almhütte stammt aus dem Jahr 1841 und diente lediglich der Almbewirtschaftung. 1997 pachtete das Ehepaar Holzer die Alm und erwarb diese im Jahr 2000. Seither haben sie mit viel Liebe und Fleiß die Hütte renoviert. Die sprichwörtliche „Pinzgauer Herzlichkeit" und die schmackhafte Küche haben die Senninger Alm zu einem beliebten Wanderziel gemacht. Bekannt sind die Wirtsleute besonders für ihre Pilzgerichte wie etwa Eierschwammerl auf Salat oder die Eierschwammerlsuppe. Im Oberpinzgau heißen die Eierschwammerl allerdings Pfifferlinge.

bleiben, um das Weißenecktal zu bewundern, welches mit seinen Mäandern im Vorder- und Hintermoos zu den Naturschönheiten des Nationalparks Hohe Tauern zählt. Kurz vor der Neuen Fürther Hütte spiegeln sich dann die Berge mit den Wolken im dunkel schimmernden Naturdenkmal Kratzenbergsee (2167 m).

Am Ziel bei der Alpenvereins-Schutzhütte sind es dann die Hüttenwirtsleute Hans und Gabi Scheuerer, die Gäste unter dem Motto „So schmecken die Berge" jene Hüttenatmosphäre kulinarisch verspüren lassen, in der man sich nach dieser Wandertour rundherum wohlfühlt.

～ Gehzeiten von der Seestube: Zur Senningeralm 2 ½ Stunden, 250 Höhenmeter.
Zur Neuen Fürther Hütte 5–6 Stunden und 1300 Höhenmeter. Von der Materialseilbahn-Talstation sind es 600 Höhenmeter und 1 ½ Stunden. Gepäcktransport möglich.

Pfifferlingsuppe nach Margit Holzer

Zutaten ↝

250 g Pfifferlinge
250 g Steinpilze
100 g Butter
Mehl
500 ml Rindsuppe oder Gemüsesuppe
Pfeffer
etwas Speck
eine Kartoffel
125 ml Schlagobers
Schnittlauch oder Petersilie
etwas Schlagobers zum Verfeinern

Zubereitung ↝

Die Butter zerlassen und mit etwas Mehl stauben. Diese weiße Einbrenn mit der Suppe aufgießen, Steinpilze, Pfifferlinge und kleinwürfelig geschnittene Kartoffel hineinmischen, mit Salz und Pfeffer abschmecken und eine Viertelstunde leicht köcheln lassen. Je nach Geschmack etwas Speck dazugeben und anschließend den Rahm hineinrühren. Mit Petersilie oder Schnittlauch bestreuen und mit einem Häubchen Schlagobers zusätzlich das Auge verwöhnen.

Information ↝

Senninger Alm, Toni und Margit Holzer

Reitlehen, 5731 Hollersbach

E-Mail: info@alm-huette.at, www.alm-huette.at

Tel.: +43 (0)664 4561380

Bewirtschaftet von Anfang Mai bis Ende Oktober

Nächtigungsmöglichkeit: 11 Betten in Lagern

und 8 Betten in Doppelzimmern

Neue Fürther Hütte – DAV Sektion Fürth

Hans und Gabi Scheuerer

Wenns 33, 5733 Bramberg

Tel.: +43 (0)664 8606787

E-Mail: info@fuerther-huette.at

www.fuerther-huette.at

Taltaxi: +43 (0)6562 8218

Bewirtschaftet von Mitte Juni bis Ende September

Eines der schönsten und geschichtsträchtigsten Täler des Nationalparks Hohe Tauern ist das Seidlwinkltal, welches von Wörth gegen Südwesten hin vom Raurisertal abzweigt. Geschichtsträchtig wohl wegen des Saumpfades über den „Bluter Tauern", das Hochtor am Großglockner, auf dem der Handel mit Salz und Gold gegen Süden und jener mit Wein und anderen Gütern gegen Norden betrieben wurde. Funde am Hochtor belegen, dass dieser Alpenübergang bereits zur Hallstattzeit (800–450 v. Chr.) benutzt wurde. Der Gasthof Schütt, einst auch eine Taverne, hat seinen Namen vom „Umschütten" der Waren an diesem Platz am Taleingang. Auch das über 500 Jahre alte Rauriser Tauernhaus im hinteren Seidlwinkltal kann viele Geschichten erzählen. Hier in 1526 Meter Höhe befand sich ein wichtiger Säumerstützpunkt, wo auch die Tragtiere eingestellt waren. Der Wirt hatte besondere Befugnisse zur Ausschank und musste als Gegenleistung den Weg erhalten und Unkundige über den Tauern begleiten. Heute ist das Rauriser Tauernhaus als Almhütte ein beliebtes Wanderziel.

Der Weg

Beim Andrelwirt in Wörth zweigt die Zufahrt ins Seidlwinkltal nach rechts ab. Vorbei am Gasthof Weixen, der für seine Gebirgsforellen und das selbst gebraute Bier bekannt ist, wird nach zweieinhalb Kilometern der eingezäunte Parkplatz auf der Fleckweide erreicht. Dann lockt das Nationalparktal, welches dem Namen „Tal der Quellen" alle Ehre macht. In der ersten Dreiviertelstunde geht es bergauf zur Gollehenalm der Familie Grießner vom Gollehenhof in St. Johann. Wer schon in den taufrischen Morgenstunden unterwegs ist, dem sei empfohlen, in dieser gastlichen Hütte zu einem zünftigen Almfrühstück einzukehren. Anschließend wird der Weg flach. Ruhig gleitet die Seidlwinklache durch das Tal und von den steilen Wänden der Vorberge des Hocharn und des Großglockner stürzen unzählige Wasserfälle hinab. An einem etwa zwei Hektar großen

Biotop klären Lehrtafeln anschaulich über Tiere und Pflanzen in diesem Lebensraum auf.

Pinzgauer Rinder in ihrer Urheimat erfreuen schließlich bei der Palfneralm den Wanderer. Rund um die über 270 Jahre alte Hütte beleben Ponys und Ferkel den Almboden.

Von der Palfneralm geht es in einer halben Stunde weiter zum Rauriser Tauernhaus. Der schönste Platz an diesem Wegstück ist wohl der Spritzbachfall, welcher bis an den Weg staubt und mit seiner feucht-kalten Luft die Lungen erfrischt.

Bis zum Rauriser Tauernhaus ist der Talweg auch eine recht beliebte Mountainbike-Strecke.

Wer noch weiter in das Nationalparktal vordringen möchte, sollte sich die Litzlhofalm als Ziel aussuchen. 2011 erhielt sie die Auszeichnung „Alm des Jahres". In der Kernzone des Nationalparks Hohe Tauern gelegen, umgibt sie ein malerisches, grünes Kar. Junge Sennerinnen verarbeiten täglich bis zu 200 Liter Milch zu Käse und bieten als Jause ausschließlich Hof- und Almprodukte an.

Schön und aufregend ist es übrigens, mit dem Bus über die Großglockner Hochalpenstraße zum Mittertörl oder Hochtor zu fahren und dann in eineinhalb bis zwei Stunden entlang des Säumerweges in den Talschluss des Seidlwinkltales abzusteigen.

❧ Wegzeiten: Zum Rauriser Tauernhaus 2–2,5 Stunden und 400 Höhenmeter, zur Litzlhofalm 3,5 Stunden, 600 Höhenmeter. Bis zur Palfneralm kann mit dem Tälerbus zugefahren werden.

Als Sehenswürdigkeit in Wörth empfiehlt sich das Nationalparkhaus „Könige der Lüfte", in dem vieles über die in den Hohen Tauern heimischen Steinadler, Gänsegeier und Bartgeier zu erfahren ist.

Gollehenalm ❧ (1286 m)

Auf dem Weg in das Seidlwinkltal liegt nach einer Dreiviertelstunde die Gollehenalm direkt am Weg. Hier gibt es einen Schienenaufzug, der über eine Länge von einem Kilometer zur Hochalm führt, damit man bei einem Schlechtwettereinbruch mit Schnee die Tiere auf der Hochalm versorgen kann. Bewirtschaftet von Irmi und Sepp Grießner, ist diese Alm ein Geheimtipp für alle Freunde guter Mehlspeisen und natürlicher Säfte. Aber auch Genießer von Likören und Schnäpsen werden angenehm überrascht sein. Almprodukte und geselchtes Fleisch sowie Würste vom Hirsch und Rind sind weitere Höhepunkte auf der Speisekarte. Ein Kinderspielplatz, ein Fischteich und eine schöne Terrasse zeichnen die Alm aus. Gratis zu allen Annehmlichkeiten der Gollehenalm gibt es das stets freundliche und sympathische Lächeln der Sennerin Irmi.

Schwarzbeerlikör
von Irmi Grießner

Zutaten ✎

1 kg Schwarzbeeren
1 kg Kristallzucker
2 l Quellwasser
Birnenschnaps nach Geschmack
(300 ml bis 500 ml)

Zubereitung ✎

Die Schwarzbeeren mit dem Wasser eine halbe
Stunde gut kochen. Auskühlen lassen und im
Anschluss mit dem Kristallzucker vermengen
und nochmals aufkochen. Nach dem Erkalten
mit dem Birnenschnaps aufgießen und in
Glasflaschen gut verschlossen aufbewahren.

Zitronenmelissensaft

Zutaten ✎

10 Handvoll Blätter
der Zitronenmelisse
(ohne Stiel)
3 l Quellwasser
Schale und Saft von drei Bio-Zitronen
und einer Bio-Orange
10 g Zitronensäure
3 kg Zucker

Zubereitung ✎

Blätter der Zitronenmelisse, Saft und Schale
von Zitronen und Orange in das Quellwasser
geben und mit der Zitronensäure verrühren.
In einem großen Glas 24 Stunden stehen
lassen.
Danach die 3 kg Zucker darin auflösen.
Nach dem Abseihen in Flaschen füllen. Je
nach Geschmack mit Wasser verdünnt, ist
der Zitronenmelissensaft ein hervorragender
Durstlöscher für Groß und Klein.

Information ✎

Gollehenalm, Irmi und Sepp Grießner

Einöden 1, 5600 St. Johann/Pg.

Tel.: +43 (0) 6412 6230

Alm: +43 (0) 664 2266236

E-Mail: gollehenhof@sbg.at

Bewirtschaftet von Mitte Mai bis Anfang Oktober

Palfneralm ✑ (1334 m)

Vier Kilometern vom Parkplatz Fleckweide liegt die Palfneralm der Familie Wölfler inmitten der weitläufigen Almlandschaft, in der Außenzone des Nationalparks Hohe Tauern. Ein Kreuz auf einem Stein am Weg, die 270 Jahre alte Almhütte mit den dazugehörigen Stallungen, ein Kinderspielplatz, eine kleine Kneippanlage, Ponys, Schweine und Kälber machen das Flair der Palfneralm aus. Besonderen Wert legt die Familie Wölfler überdies auf die Erhaltung der Pinzgauer Rinder, die in ihrer dunkelbraun-weißen Färbung harmonisch in das Almbild passen. Produkte aus Alm- und Landwirtschaft erfreuen das Wandererherz. Ein Teil der Milch wird direkt auf der Alm zu Butter und Käse verarbeitet. Sauermilch und Apfelmost sowie Produkte vom eigenen Biorind ergänzen das Angebot. Außerdem gibt es hier die begehrten selbst gemachten Kaspressknödel der Sennerin und Bäuerin Gabi Wölfler.

Information ✑

Palfneralm, Familie Wölfler

Einöden 17, 5600 St. Johann im Pongau

Tel.: +43 (0)6412 6250 oder +43 (0)664 5236863

E-Mail: palfnerhof@aon.at, www.palfneralm.at

Bewirtschaftet von Mitte Mai bis Anfang Oktober

Pinzgauer Kaspressknödel

Zutaten ✎

500 g Knödelbrot
750 ml kochendes Wasser
1 TL Salz (gestrichen)
1 Prise Pfeffer
Petersilie, klein geschnitten
2 Zwiebeln, klein geschnitten
15 g Butter
2 Eier
320 g würziger Käse, kleinwürfelig
geschnitten
Öl zum Zwiebelrösten und
Ausbacken

Zubereitung ✎

Knödelbrot in eine Schüssel geben,
salzen, pfeffern und mit dem
kochenden Wasser übergießen,
gut vermengen und 10 Minuten
ziehen lassen.
In der Zwischenzeit die gehackten Zwiebeln in
ganz wenig Öl goldgelb anschwitzen und die
Butter zerlassen.
Nun die Knödelmasse mit den gerösteten
Zwiebeln, der Petersilie, der zerlassenen Butter,
den geschnittenen Käsestücken und den zwei
Eiern gut vermengen, Knödel formen, diese
flachdrücken und in heißem Öl herausbacken.

Serviervorschlag ✎

Heiß aus der Pfanne mit Salat oder in der Suppe
schmecken die Kaspressknödel besonders gut.
Kaspressknödel eignen sich sehr gut zum
Einfrieren, man sollte sie aber nicht in der Suppe
aufwärmen, da sie sonst zu weich werden.

Vom Bodenhaus zum Urquell

Im hinteren Raurisertal liegt das Bodenhaus, wo alljährlich zu Beginn des Almsommers der große Hengstauftrieb stattfindet, bei dem im Kräftemessen der Leithengst für den Sommer bestimmt wird.

Die Geschichte des Bodenhauses reicht bis in das 17. Jahrhundert zurück, als der Platz noch den Namen „Gstöß" trug, welcher vom Pochwerk abgeleitet war, mit dem Gestein zur Erzgewinnung zerkleinert wurde. Für den Namen „Bodenhaus" gibt es mehrere Herleitungen, wahrscheinlich stammt er vom flachen Boden oder auch vom Badhaus ab. In der Nähe dieses Platzes stand auch das alte Bodenhaus, welches sich Ignaz Rojacher (1844–1891), der den Goldbergbau in der Region vorantrieb, erheiratete. Leider wurde dieses Kulturgut 1951 von einer Lawine weggerissen. Beim Bodenhaus beginnt der gut markierte Wanderweg zum Rauriser Urquell, einem kleinen Naturjuwel oberhalb der Astenschmiede. Der Steig verläuft in Richtung Panoramaalm. Nach etwa 20 Gehminuten beginnt der Lehrpfad durch ein besonderes Quellfeld mit vielen vermoosten Steinen, auf denen sieben verschiedene Moosarten wachsen. Dieser Rundweg dauert eine halbe Stunde und kann bis zur Panoramaalm um eine halbe Stunde verlängert werden. Überdies gibt es nahe des Bodenhauses einen großen Goldwaschplatz.

Bodenhaus ❧

Das neue Bodenhaus hat die Familie Rieß Mitte der 1960er-Jahre erbaut. Es ist spätestens seit der Erweiterung 1990 eine beliebte Gastwirtschaft, in welcher der Chef Peter Rieß selbst in der Küche steht und schmackhafte Speisen bereitet wie die Faschierten Wild- und Rindfleischlaibchen (Pinzgauer Naturrind) auf Schwammerlsoße und Reis sowie andere Wildgerichte und heimische Spezialitäten. Zum Kaffee erwarten den Gast verschiedene Strudel und hausgemachte Kuchen.

Information ❧

Alpengasthof Bodenhaus

Kolmstraße 6, 5661 Rauris

Tel.: +43 (0)6544 8111

E-Mail: alpengasthofbodenhaus@gmail.com

www.bodenhaus.at

Bodenhaus, Ammererhof und Naturfreundehaus sind ganzjährig bewirtschaftet

Faschierte Wild- und Rindfleischlaibchen auf Eierschwammerlsoße

Zutaten für 4 Portionen ✍

600 g faschiertes Fleisch vom Pinzgauer Rind
200 g faschiertes Wildfleisch
½ Zwiebel, fein geschnitten
2 Eier
Salz, Weißer Pfeffer, Senf, Majoran, Curry und
Paprikapulver nach Geschmack

Für die Soße ✍

1 Zwiebel
300 g Eierschwammerl
Salz und Pfeffer
etwas Weißwein
Paprikapulver
Rahm zum Verfeinern
Bratensoße nach Geschmack

Zubereitung ✍

Faschiertes Fleisch mit Zwiebel, Eiern und den
Gewürzen vermengen und Laibchen daraus
formen. Diese in Öl anbraten und im Backrohr
bei mittlerer Hitze etwa 20 Minuten fertig
backen.

Soße ✍

Zwiebel in Öl anschwitzen, mit den
Eierschwammerln vermischen und mit Salz und
Pfeffer würzen. Dann einkochen lassen und mit
einem Schuss Weißwein ablöschen. Mit Paprika
bestreuen und mit der Bratensoße aufgießen.
Das Ganze gut durchkochen und mit Rahm
verfeinern. Am besten mit Reis servieren.

Vom Bodenhaus führt die Mautstraße (9 Euro pro Auto) zum Parkplatz am Lenzanger. Direkt vom Parkplatz geht ein gut markierter Steig durch den Wald, bis nach 20 Minuten die Abzweigung in den Rauriser Urwald erreicht ist. Hier beginnt ein außergewöhnliches Walderlebnis mit Moortümpeln, in denen sich die Berge und Bäume spiegeln. In einer Waldhütte, auf einer buchähnlichen, übergroßen Tafel, erklingen auf Knopfdruck die einzelnen Stimmen des Waldes. Gut in die Landschaft fügen sich auch die einzelnen Tafeln mit Wissenswertem über das Leben und die Bäume im Urwald. Nach einer Dreiviertelstunde lichtet sich der Forst im Bereich der Durchgangalm. An dieser Stelle rückt der Bergkamm vom Silberpfennig bis zum Sonnblick ins Blickfeld.

Nun gibt es für hungrige Wanderer mehrere Möglichkeiten. Geht es nach links

hinüber zur Durchgangalm der Familie Mayr oder mit Blickrichtung Sonnblick zur Gainschniggalm der Familie Ennsmann. Beide Almen bieten zünftige Brettljausen und gute „Pinzgauer Kost". Von dem weitläufigen Almboden führt der breite Almweg hinunter zum Ammererhof in Kolm-Saigurn.

Ammererhof ✎ (1598 m)

Der Ammererhof stammt aus der Zeit des Goldbergbaus Ende des 19. Jahrhunderts. Schon Ignaz Rojacher wollte an diesem Berghang mit der herrlichen Aussicht zum Sonnblick eine Ausflugsgaststätte erbauen, doch starb er vor deren Verwirklichung. Anton Holleis aus Bad Gastein erwarb schließlich das Grundstück und errichtete die Gaststätte. Er hatte sich allerdings finanziell übernommen und musste sich schweren Herzens wieder davon trennen. Danach ging das Haus in den Besitz von Georg Ammerer über. Ab 1954 war Johann Mühltaler Pächter des Ammererhofes, Vater der jetzigen Besitzerin Luise Tomasek-Mühlthaler. Diese erwarb 1978 den Hof und fand beim Umbau 1978 alte Gästebücher aus der Zeit der Österreichisch-Ungarischen Monarchie. Damals stiegen hier – wie die Gästebücher belegen – hohe Persönlichkeiten ab. Als erster Eintrag scheint Kaiser

Franz Joseph I. auf. Zu den Stammgästen zählte auch Ritter von Arlt, der den Skilauf ins Tal brachte und als erster Mensch vom Sonnblick (3106 m) mit Ski abfuhr.

Vor allem wegen der sympathischen Wirtin Luise ist der Ammererhof weitum beliebt, aber auch die Ausstattung und Atmosphäre der Unterkunft tragen ihren Teil dazu bei. Der Bergkristallbrunnen, die alte Gaststube mit Kachelofen, die Sternensuite mit Blick zum Himmel, das Himmelbettzimmer sowie das Komfortzimmer machen den Aufenthalt zu einem besonderen Genuss. Das Angebot reicht von traditioneller Hausmanns- und Vollwertkost bis zum selbst gebackenen Brot sowie hausgemachten Kuchen und Mehlspeisen. Beliebt sind auch die Grünkernlaibchen mit Joghurtsoße, deren Rezept Luise hier verrät.

Zimmererhütte ☙ (1598 m)

Bevor es entlang der Talstraße zum Ausgangspunkt am Lenzanger geht, sollte Zeit für einen Abstecher

zur sehenswerten Nationalpark-Informationsstelle Zimmererhütte neben dem Naturfreundehaus Kolm-Saigurn sein. In diesem historischen Gebäude ist viel über den Goldbergbau zu erfahren. Neben einem Pochwerk und einem kleinen, uralten E-Werk sind auch Goldgräber-Werkzeuge, Gold und Mineralien zu sehen. Der Rauriser Urwald wird ebenfalls in einer kleinen Ausstellung noch einmal gegenwärtig. Natürlich darf hier auch Ignaz Rojacher nicht fehlen, dessen Name untrennbar mit Rauris und dem Goldbergbau verbunden ist. Zwischen 1876 und 1888 verhalf der „Kolm Naz", wie er genannt wurde, dem Goldbergbau in Rauris zu neuem Glanz. Jene Reste des Goldbergbaus, die heute noch sichtbar sind, stammen alle aus der Rojacher-Zeit. Ihm verdankt

Information ☙

Ammererhof

Luise Tomasek-Mühltaler

Kolmstraße 21

5661 Rauris

Tel.: +43 (0) 6544 8112

E-Mail: info@ammererhof.at

www.ammererhof.at

Ganzjährig bewirtschaftet

Kolm-Saigurn die erste elektrische Lichtmaschine Salzburgs sowie die höchste Wetterbeobachtungsstation am Gipfel des Sonnblick. Die Ausstellung ist von Juni bis Oktober täglich von 10 Uhr bis 16 Uhr geöffnet, an Samstagen von 12 Uhr bis 16 Uhr.

Naturfreundehaus ❧ (1598 m)

Das Naturfreundehaus Kolm-Saigurn wird von Hermann Maislinger und seinem freundlichen Personal bewirtschaftet. Es ist ein idealer Ausgangspunkt für Wanderungen und Touren ins Hochgebirge wie über die Neubauhütte und die Rojacherhütte zum Zittelhaus mit der Wetterwarte am Hohen Sonnblick (3106 m) in viereinhalb Stunden oder zum Niedersachsenhaus auf der Riffelscharte (2472 m) in zweieinhalb Stunden.

Neben 90 Nächtigungsmöglichkeiten, einem Fisch- und Badeteich, einer Goldwaschanlage und einem kleinen Bergstollen warten im Naturfreundehaus Schmankerl wie Rojacher-Pfandl, Ripperl und deftige Fleischkrapfen.

❧ Gehzeit für die gesamte Runde
2,5 Stunden, 200 Höhenmeter.

Grünkernlaibchen mit Joghurtsoße vom Ammererhof

Zutaten für vier Portionen ~

250 g fein geschroteter Grünkern
500 ml Gemüsesuppe
½ Zwiebel, fein gewürfelt
1 Knoblauchzehe
je 1 Msp Majoran und Thymian
frische Petersilie
2 Eier
1 Handvoll Semmelbrösel
Butterschmalz oder Olivenöl
zum Herausbacken

Für die Soße ~

1 Becher Naturjoghurt 3,5 %
Kräutersalz
frische Kräuter nach Belieben

Zubereitung ~

Den geschroteten Grünkern ca. 5 Minuten in der
Gemüsesuppe aufkochen und nachquellen lassen.
Dann alle Zutaten gut vermischen. Laibchen
formen, in Butterschmalz (oder Olivenöl)
herausbacken, bis sie goldig braun sind.
Joghurtsoße glatt rühren und dazu servieren. Als
Beilage zu den Laibchen eignet sich ein kleiner
gemischter Salat oder gedünstetes Gemüse.

Information ~

Naturfreundehaus Kolm-Saigurn
Kolmstraße 225661 Rauris
Tel.: +43 (0) 6544 8103
E-Mail: sonnblickbasis@naturfreunde.at
www.sonnblickbasis.at
Ganzjährig bewirtschaftet

Der Hundstein zwischen Urslautal und Salzachtal zählt zu den aussichtsreichsten Grasbergen des Salzburger Landes und ist von vielen Seiten zu erwandern. Es führt ein Weg von Dienten über den Klingspitz hinauf, von Taxenbach geht es über die Ziegelhütte oder Rieser Aste auf den Gipfel, von Gries oder Thumersbach über die Tödlingalm und von Maria Alm über den Aberg, ein Anstieg, der sich im letzten Drittel mit dem Weg von Hintermoos vereint. Von Unterberg über die Hinterjetzbachalm, über die Schwalbenwand und den Schönwieskopf führt eine der schönsten Wanderungen in viereinhalb bis fünf Stunden zum Gipfel. Viele Almen säumen die Wege auf allen Seiten des Berges, wobei jede für sich ein eigenes lohnendes Wanderziel wäre. Für alle Anstiege sind dreieinhalb bis vier Stunden einzurechnen.

Statzerhaus ✍ (2117 m)

Am Gipfel des Hundstein steht das Statzerhaus des Österreichischen Touristenklubs, ein traditionsreiches Schutzhaus, welches seit den 1970er-Jahren von Familie Hasenauer bewirtschaftet wird. Legendär ist in dieser Gipfelhütte der Schweinsbraten der Wirtin Gusti. Aber auch das Brauchtum ist mit dem Hundstein eng verwurzelt. So wird auf diesem „Olymp der Ranggler" alljährlich um den Jakobitag in der gipfelnahen Naturarena der begehrte Titel „Hundstoa Hogmoar" unter den stärksten Ranglern ausgefochten. Ursprünglich wurde so um die besten Weiden für das Vieh geranggelt. Im Statzerhaus können 25 Personen übernachten. Zwischen Tödlingalm und dem Hundsteingipfel liegt gegen Osten der Hundsteinsee, dem die Sage von den Goldfröschen anhaftet, wobei jeder der unzähligen Frösche ein Goldkorn auf dem Kopf tragen soll, aber nur an einem Karfreitag, wenn der Hundstein unter einer dicken Schneedecke liegt, soll man dieser Goldquaker habhaft werden.

Die Aussicht reicht über 32 Dreitausender der Hohen Tauern bis in die Zillertaler Alpen und zur Dachsteingruppe. Steinernes Meer, Watzmann, Hochkönig und Tennengebirge runden den fantastischen Blick ab.

Alle Wege zum Hundstein genau zu beschreiben würde ein eigenes Wanderbuch

füllen. Wir beginnen den Anstieg im Maria Almer Ortsteil Unterberg. Der Weg führt zunächst zur Eberlalm und weiter zur Schranbachalm (nicht bewirtschaftet). Nach einer Gehzeit von zwei Stunden und nach 700 Höhenmetern liegt am oberen Rastboden die Griesbachalm als willkommene Bergrast direkt am Weg.

Nun steigt der breite Almweg zur bewirtschafteten Lohningalm an, in der zwei junge Sennerinnen zur Einkehr laden. Hier windet sich der Weg dann hinauf unter den Langeggrat und führt flach weiter zum Gipfelaufbau des Hundstein.

Von Anfang Juni bis Ende September besteht jeden Mittwoch und Sonntag die Möglichkeit, mit der Schwarzeckbahn in Hintermoos bis oberhalb der Thoraualm aufzufahren, was den Weg zum Gipfel um eine gute Stunde verkürzt. Bei der Bergstation bieten sich zwei Wege zum Gipfel an. Der steilere Weg über die Schreineralm zum Langegg und weiter über den Gratweg zum Gipfel oder der bequemere breite Almweg über die Grießbachalm und die Lohningalm.

❧ Gehzeit von Unterberg 3,5 Stunden, 1300 Höhenmeter.

Grießbachalm ❧ (1550 m)

Auf halbem Weg zum Hundstein liegt die Grießbachalm der Familie Herzog vom Obergrießbachhof in Maria Alm. Sie war nicht immer an dem Platz, an dem sie heute steht. Die alte Almhütte war zu klein geworden und deshalb versetzte man sie auf die zum Hof gehörende Jungviehweide. Auch die „neue" Almhütte ist eigentlich schon hundert Jahre alt, sie stand früher im Unkener Heutal und diente den Bayrischen Saalforsten als Holzknechthütte. Damals gab es

zwölf(!) Feuerstellen in der Hütte, damit sich jeder Holzknecht nach der Arbeit schnell sein eigenes Essen kochen konnte. Diese Kochstellen waren beim Abriss aber desolat, weswegen nur die Kacheln vom grünen Kachelofen mit auf die neue

Grießbachalm wanderten und heute in der gemütlichen Stube an kalten Tagen den Rücken wärmen.

Seit die wiedererbaute Grießbachalmhütte 1995 eröffnet wurde, ist sie zu einer überaus beliebten Almeinkehr geworden. Auch im Winter stellt sie ein viel besuchtes Ziel für Variantenskifahrer, Tourengeher und Schneeschuhwanderer dar. Ein „Pinzga Zaun", auch „Girschtenzaun" genannt, friedet die Hütte ein, ein großer Brunnen bietet Erfrischung, ein großer Felsen, viele Hauswurzen und Blumen zieren den nahen Hüttenbereich. Die schönen Keramikblumentöpfe sind übrigens Werke der Sennerin Bettina, die gemeinsam mit Christian, dem Jungbauern vom Obergrießbachhof, die Alm bewirtschaftet. In der Hütte finden 20 Personen Platz zum Übernachten.

So manches Schmankerl wartet hier darauf, den Gaumen zu erfreuen. Am „süßen Dienstag" gibt es Kaiserschmarren und Zwetschkenpofesen, Freitag ist Knödeltag und auch an den restlichen Wochentagen locken Schmankerl wie zum Beispiel die Speckkirchl mit Kräutertopfen und Krautsalat.

Information ✺

Grießbachalm, Familie Herzog

Grießbachwinkel 61, 5761 Maria Alm

Tel.: +43 (0) 664 2142820

E-Mail: herzog.obergriesbach@sbg.at

www.sbg.at/obergriessbach

Bewirtschaftet von Anfang Juni bis Mitte Oktober und von Weihnachten bis Ostern

Statzerhaus, Familie Hasenauer

Aberg 63, 5761 Maria Alm

Tel.: +43 (0) 664 1445952

Bewirtschaftet von Pfingsten bis Mitte Oktober

Speckkirchl mit Kräutertopfen

Zutaten für 4 Personen ↝

250 ml Milch
180 g glattes Mehl
2 Eier
eine Prise Salz
12 Scheiben Karreespeck (5 mm dick)
Öl zum Herausbacken

Kräutertopfen ↝

250 g Topfen
1 kleine Zwiebel, gehackt
2 EL Sauerrahm
1 Knoblauchzehe, gehackt
Gartenkräuter (Petersilie,
Schnittlauch oder Liebstöckl)

Zubereitung ↝

Milch, Mehl, Eier und Salz mit dem
Schneebesen zu einem glatten Teig schlagen.
Die Speckscheiben in den Backteig eintauchen
und in heißem Öl goldbraun herausbacken.
Mit Kräutertopfen und Krautsalat servieren.

Kräutertopfen ↝

Topfen mit Zwiebel, Knoblauch, zwei Löffeln
Sauerrahm und Kräutern nach Geschmack zu
einer cremigen Masse verrühren. Mit Salz und
Pfeffer abschmecken.

Leogang ♥ Schwarzleotal ♥ Spielberghorn

Schon die Anfahrt von Leogang über den Ortsteil Hütten überrascht mit einigen Attraktionen. Zum Beispiel das Bergbau- und Gotikmuseum in Hütten, in dem der Kustos Hermann Mayrhofer alljährlich Sonderausstellungen ausrichtet. Hier sind Exponate zu sehen, wie sie sonst nur in viel größeren Museen ausgestellt sind. Zum Museumsbereich gehört auch die nebenan liegende Kapelle St. Anna, die einen der wenigen noch existierenden Bergaltäre beherbergt. Auf der Fahrt von Hütten in das Schwarzleotal macht noch die Pocherhäuslquelle auf sich aufmerksam, die in üppiger Schüttung nur wenige Meter über dem Boden direkt aus dem Berg sprudelt.

Vom Parkplatz im Schwarzleotal ist es nicht weit zur Knappenstube Unterberghaus, wo die rührige Heidi Pichler für Speis und Trank sowie für die Führungen im Schaubergwerk sorgt.

Liebevoll wird sie auch „Grabenhex" genannt, ein Spitzname, der ihr selbst Freude bereitet. Neben der Knappenstube sind ein nachgebautes Pochwerk und eine lebensgroße Kreuzigungsgruppe zu betrachten.

Das Schaubergwerk erzählt die 3500-jährige Geschichte des Bergbaus an dieser Stelle, während die Besucher durch die mittelalterlichen Stollen wandern. 99 Bunt- und Edelmetalle wurden nachgewiesen, vor allem aber wurden Silber, Kupfer und Kobalt abgebaut. Die Führung durch das Bergwerk dauert eine Stunde.

Nahe der Knappenstube zweigt rechts der Almweg ab und schon bald liegt die Vogleralm am Weg. Sogenannte Leichläden hängen an der Hüttenwand und erinnern an Verstorbene, und der ehemalige Almkeller glänzt nun als malerische Voglerkapelle.

Vorbei an der Hundalm windet sich der breite Almweg hinauf zur Adamalm und zweigt nahe von dieser links ab, bevor er über die Vorderhofalm zur Lindlalm führt.

Information ↝

Schaustollen Leogang: Heidi Pichler
Rosental 66, 5771 Leogang
Tel.: +43 (0)664 3375852
www.leogang-schaubergwerk.com
E-Mail: grabenhexe@sbg.at
Geöffnet von Anfang Mai bis Ende Oktober

Von der Lindlalm gehen einige beliebte Touren, darunter auch die Wanderung auf das Spielberghorn, welches entweder über das Spielbergtörl (1671 m) oder vorbei am Mitterhörndl (1989 m) in zwei Stunden zu ersteigen ist und neben guter Kondition auch Trittsicherheit erfordert. Wesentlich einfacher ist der Almrundweg, welcher zur Brandstatthütte und Hinterrainhütte auf der Scheltaualm führt. Bei der Adamalm mündet der Rundweg wieder in den Anstiegsweg. Botaniker werden an diesem Weg besonders viel Freude haben, sind doch neben den vielen Almblumen auch duftende Kräuter zu finden. Aufmerksame Naturbeobachter werden in diesem Almgebiet auch so manches Murmeltier entdecken. Die drei Hütten sind den Sommer über bewirtschaftet und bieten schmackhafte Almprodukte.

❧ Gehzeit: 1 ½ Stunden, 350 Höhenmeter.

Lindlalm ❧ (1480 m)

Die Lindlalm liegt am Südabhang des 2044 Meter hohen Spielberges. Zu Silvester 1996/97 fiel die alte Almhütte einem Brand zum Opfer und wurde im Jahr darauf als Rundholzbau neu errichtet. Sie gehört zum Lindlgut in Saalfelden Pfaffing. Mit Leib und Seele bewirten die Altbauersleute Resi und Lois Schuster ihre Alm. Wandschoner mit Sprüchen verschönern die Wände und im alten

Bauernkasten der Stube steht mit Naturmotiven bemaltes Geschirr bereit, um mit besonderen Almgenüssen die Wanderer zu erfreuen. Kleine Almblumensträußchen auf den Tischen sind eine weitere Augenweide. Vor der Hütte plätschert ein Brunnen und auf dem Bankerl beim Almkreuz oberhalb der Hütte kann man sich niedersetzen, um die Seele baumeln zu lassen. So liebevoll wie die Hütte, genau so nett und herzerfrischend ist die Sennerin Resi. Gäste mit ihren Produkten zu verwöhnen bereitet ihr besonders viel Freude und so gibt es auf der Lindlalm neben den Alm- und Hofprodukten auf dem Jausenbrettl auch Grammelschmalz, Fleischaufstrich, geselchtes Rind- und Hirschfleisch sowie Wurstprodukte aus diesen Fleischsorten. Hausgebackenes Bauernbrot

versteht sich von selbst. Natürlich dürfen da auch Kas-, Leber- und Speckknödel nicht fehlen. Eine Besonderheit ist der von Resi gezauberte Almwuzl, ein Mittelding zwischen Kaiserschmarren und Salzburger Nockerln.

Information ↫

Lindlalm, Resi und Lois Schuster

Pfaffing 20, 5760 Saalfelden

Tel.: +43 (0)664 1268396

Bewirtschaftet von

Mitte Juni bis Anfang Oktober

Lindlalm Almwuzl

Zutaten für eine Portion ❧

125 ml Milch
2 Eier
3 EL doppelgriffiges Mehl
1 Prise Salz
1 Messerspitze Vanillinzucker
½ TL Butterschmalz zum Herausbacken
Preiselbeermarmelade zum Anrichten

Damit der Almwuzl auch gelingt, ist
unbedingt eine beschichtete Pfanne mit
Deckel erforderlich!

Zubereitung ❧

Die Zutaten vermengen und mit dem
Schneebesen leicht versprudeln. In der Pfanne
das Butterschmalz bei großer Hitze zergehen
lassen, den angerichteten Teig hineingeben und
zudecken. Wenn sich der Teig vom Pfannenrand
löst und eingedickt ist, schnell wenden, sofort
wieder zudecken und die Hitze reduzieren.
Warten, bis sich der Teig hoffentlich bis an den
Deckel hebt.
Nun wird die fertige Köstlichkeit kurz auf dem
Teller eingerollt, mit Staubzucker bestreut und
mit Preiselbeermarmelade serviert.

Nach einer Stärkung in dem gut geführten Gasthof mit seiner schönen Lage geht es über den Erlebniswanderweg in eineinviertel Stunden durch den Naturpark Weißbach zum Hirschbühel. Vom Gasthof Lohfeyer führt der Weg zunächst zur Stockklauser Säge, an der wieder Leichläden zu sehen sind. Anschließend wandert man von Bergbauernhof zu Bergbauernhof, bevor die Pointalm vor dem Hirschbühel erreicht ist.

Zunächst gilt es am Ausgangspunkt in Weißbach bei Lofer das 600 Meter lange Naturdenkmal Seisenbergklamm zu durchwandern. Auf hölzernen Stegen geht es hinein in die enge Schlucht, deren Felswände in der Dunkelklamm so eng zusammenrücken, dass kaum noch Sonnenlicht hereinfällt. Der den Weg begleitende Klammgeist informiert an mehreren Stationen über Wissenswertes zu Umwelt und Natur. So ist auch zu erfahren, dass bereits im Jahr 1831 die Seisenbergklamm für Besucher begehbar gemacht wurde.

Am Ende der abenteuerlichen Klamm führt der Weg weiter am Bach entlang durch den Wald zum Gasthof Lohfeyer am Eingang zum Hintertal. Eine willkommene Einkehrgelegenheit, bei der ganztägig Schmackhaftes aus der Küche angeboten wird, dessen Krönung die Wildspezialitäten sind.

Elf Stationen gibt es an diesem Erlebnisweg, die vom Hineinhören in die Landschaft über die Lebensader Hecke bis zum Leben in der Feuchtwiese und dem duftenden Wald Erhellendes bieten.

Direkt an der Grenze zu Bayern liegt am Hirschbühel der Gasthof Mooswacht, wo bis in die 1960er-Jahre eine Zollstation war und heute ein Gasthaus zur Einkehr lädt.

Zwei Waldwege gehen vom Hirschbühel in das Gebiet der Litzlalm: einmal der Wanderweg namens London, der in 20 Minuten zur Alm führt, sowie der flache, aber viel längere Forstweg mit einer Gehzeit von 45 Minuten.

❧ Gehzeit: von der Seisenbergklamm zur Litzlalm 3 Stunden, 650 Höhenmeter.

Litzlalm 🖎 (1310 m)

Das Almgebiet der Litzlalm liegt auf über
1300 Meter und wird von acht Bauern bewirtschaftet. Ein Almgebiet, welches romantischer
kaum sein könnte. Alte Almhütten mit von
Steinen beschwerten Schindeldächern, inmitten
des Almbodens ein malerisches Almkreuz und
Weidevieh mit klingenden Glocken lassen eine
ganz besondere Almstimmung aufkommen. Beim
Reitkaser, der höchstgelegenen Almhütte, wartet
ebenfalls ein Almkreuz mit fantastischem Blick zur
Reiteralpe, den sogenannten „Ramsauer Dolomiten".
Kammerlinghorn, Hochkalter und Seehorn grüßen

am Horizont. Bei klarer Fernsicht ist sogar der
Untersberg zu sehen. Vom Reitkaser kann als
weiteres Ziel der Litzlkogel (1645 m) in 45 Minuten
bestiegen werden.
Die Jausenstation Litzlalm wird von Georg
Hohenwarter und seinem freundlichen Personal
bewirtschaftet und ist ein Ziel für jedes Wetter.
Mountainbiker und Wanderer verspeisen hier
Schmankerl wie das Knödelgeheimnis, den
Kaiserschmarren und Zwetschkentatschi.

Zwetschken- oder Marillentatschi

Zubereitung ✌

Mehl, Staubzucker, Backpulver und Margarine zu einem Mürbteig verarbeiten und zum Schluss die Eier untermengen. Den Teig eine halbe Stunde rasten lassen, dann die Hälfte des Teiges 2 mm dick auswalken und auf ein befettetes Backblech legen. Leicht mit Bröseln bestreuen, mit halbierten Früchten belegen und Zimt und etwas Zucker darüberstreuen. Als „Deckel" der Zwetschkentatschi wird die zweite Teighälfte ausgewalkt und auf die Früchte gelegt.

Mit Eigelb bestreichen und bei 180 Grad 45–50 Minuten backen. In große Rechtecke schneiden und mit Staubzucker servieren.

Zutaten ✌

½ kg doppelgriffiges Mehl
200 g Staubzucker
200 g Margarine
2 Eier
eine Messerspitz Backpulver
1½ kg Zwetschken oder Marillen, entsteint und halbiert
Brösel, Zimt

Information ✌

Berggasthof Lohfeyer

Hintertal 25, 5093 Weißbach bei Lofer

Tel.: +43 (0) 6582 8355

E-Mail: info@gasthof-lohfeyer.at

www.gasthof-lohfeyer.at

Die Litzlalm ist von Mitte Mai bis Mitte Oktober bewirtschaftet

Zwischen Dientner Sattel und dem Hotel Übergossene Alm finden sich viele Parkplätze bei den Talstationen der Bergbahnen. Von hier gibt es eine besonders schöne Rundwanderung. Vom Parkplatz geht es zunächst zur Liebenaualm (nur Winterbetrieb). Ein wenig oberhalb trennen sich zwei Aufstiegsvarianten. Der leichte und flachere Forstweg zweigt nach rechts ab und führt bis kurz vor die Zachhofalm durch den Wald, der an heißen Sommertagen willkommener Schattenspender ist.

Auf der zweiten, kürzeren Variante wechseln Wald und Wiesen einander ab und lohnen den steileren Weg mit schönen Ausblicken zu Hochkönig und Steinernem Meer. Zeitlich unterscheiden sich beide Wege um höchstens 15 Minuten.

Wer unterwegs Kräuter findet, deren Bestimmung ihm selbst nicht möglich ist, sollte diese zu Sennerin Heidi Rainer auf der Zachhofalm (1578 m) mitbringen, dann gibt es vielleicht einen kleinen Vortrag darüber. Kennen Sie Rosenzucker, Apfelminzzucker, Wildkräutersalz, Rosenlikör oder Fichtengelee? Die Zachhofalm in Dienten am Hochkönig ist eine Kräuteralm der feinsten Art und Heidi eine wahre Meisterin in Sachen Naturprodukte.

Eine halbe Gehstunde von der Zachhofalm entfernt liegt beinahe in gleicher Höhenlage die Bürglalm (1582 m) der Familie Bürgler. Beide Almhütten verbindet ein flacher Waldweg. Der Bürglalm liegt kulinarisch vor allem das Bodenständige, welches Gabi Bürgler geschmackvoll zu garnieren weiß.

Von hier geht es in einer Stunde entlang des jeweils anderen Weges (nicht der Aufstiegsvariante) zum Ausgangspunkt zurück.

Zachhofalm ❧ (1578 m)

Die Zachhofalm wurde erst vor wenigen Jahren von Sepp und Heidi Lainer, den Bauersleuten vom Dacheggut in Dienten, in einem halb verfallenen Zustand erworben. Schon zu dieser Zeit wusste man genau, welchen Weg man mit dieser Alm einschlagen wollte. Zum einen bietet sie viel Weideland für das Vieh und zum anderen verwirklichte Sepp den großen Traum seiner Frau Heidi: eine Kräuteralm. So ist aus der Zachhofalm eine Alm geworden, die ihresgleichen sucht. Schon der erste Eindruck bezaubert. Ein kleiner Teich, ein duftender

Kräuterladen, die Hütte versprechen schon von Weitem Behaglichkeit und seitlich am Hang und rund um die Hütte finden sich Kräuter über Kräuter. Alle Besonderheiten zu beschreiben würde ein Fachwissen vom Autor verlangen, der sich jedoch lieber am Duft, der Wirkung und vor allem am aromatischen Geschmack der gebotenen Köstlichkeiten erfreut. Über das Wissen verfügt Heidi, die sich mit der TEH, der Traditionellen Europäischen Heilkunst beschäftigt, und dem Heilwissen unserer Vorfahren nachspürt. Gegen Voranmeldung wird das Wasser im großen Lärchenschaffelbad hinter der Hütte erwärmt und mit Kräutern und Ölen nach Wunsch bereitet. In kleiner Gesellschaft kann man hier ein amüsantes, genussvolles, entspannendes Bad in freier Natur genießen.

Bei so vielen Kräutern ist natürlich in der Küche in erster Linie das Kochen mit Mutter Natur angesagt. Neben verschiedenen Köstlichkeiten wie z.B. dem Brennnesselbrot warten Überraschungen wie Kräuterfrischkäse-Palatschinken mit eingelegtem Zuccini-Quendel-Gemüse und mit Schott'n auf den Wanderer.

Information ✒

Zachhofalm, Heidi Lainer

Dachegg 1, 5652 Dienten am Hochkönig

Tel.: +43 (0)664 9251397

E-Mail: info@zachhofalm.at

www.zachhofalm.at

Bewirtschaftet von Mitte Juni bis Ende September

Gefüllte Palatschinken mit Kräuterfrischkäse und Zucchini-Quendel-Gemüse

5–7 Minuten kochen lassen. Heiß in Schraubgläser füllen und verschließen.

Wildkräuter-Pesto ✍

Wild- und Gartenkräuter je nach Geschmack (Quendel, Brennessel) mit Knoblauch, Pfeffer, Salz und Olivenöl vermischen und in ein Glas abfüllen.

Zutaten Palatschinken ✍ (etwa 8 Stück)

ca. 750 ml Milch
300–350 g Dinkelmehl
4 Eier
Prise Salz
Kräuter nach Wahl
Frischkäse gemischt mit
Wildkräuter-Pesto
Schott'n zum Darüberreiben
frischer Quendel für das Gemüse

Zutaten Zucchini-Quendel-Gemüse als Vorrat ✍

2 kg Zucchini
½ kg Zwiebel
3 Paprika (rot, grün, gelb)
1–2 EL Salz
½ l Kräuteressig
1 EL Senfkörner
1 TL Curry
1 Msp. Muskat
250 g Zucker

Zubereitung ✍

Zucchini und Paprika in kleine Stücke schneiden. Dann Zwiebelringe schneiden. Alle Gemüsestücke mit Salz vermischen und ½ Stunde ziehen lassen. Den Essig und die Gewürze zum Kochen bringen, das Gemüse dazugeben und

Zubereitung ✍

Aus Milch, Mehl, Eiern, Salz und frischen Kräutern einen Palatschinkenteig herstellen. In einer Pfanne etwas zerlassene Butter erhitzen und Palatschinken zubereiten. Die Palatschinken mit dem Pesto-Frischkäse bestreichen und zu einem Viertel zusammenfalten. Den Schott'n darüberreiben und für 2–3 Minuten im Rohr bei 220 °C überbacken. Währenddessen das Zucchini-Gemüse aus dem Glas in einen Topf geben (pro Portion 3–4 EL), etwas Pesto-Frischkäse hinzufügen und erwärmen. Zum Schluss noch frischen Quendel unterrühren. Das Gemüse zu den Palatschinken servieren.

Bürglalm (1593 m)

In den Bergen von Ahornstein, Kollmannsegg und Wastlhöhe wurde bis in das 19. Jahrhundert Eisenerz abgebaut, auch in der Gegend um die heutige Bürglalm. Damit verbunden erzählt eine Sage von einem goldenen Wagen, der in mondhellen Nächten von Berggeistern bis an den nahen Stollenausgang geschoben wird und der jenem, dem es gelänge den Wagen zu bergen, zu lebenslangem Reichtum verhelfen soll. Wie diese Sage endet, ist in der Bürglalm nachzulesen.

Seit dem Jahr 1900 ist die Bürglalm im Besitz der Familie Bürgler aus Dienten. Damals war der Urgroßvater von Toni Bürgler am Almboden unterwegs, um nach dem Vieh zu sehen, als er den Vorbesitzer, den sogenannten „Plaudereggbauern" traf und mit ihm einen Handel einging. Per Handschlag wechselte daraufhin die Alm den Besitzer. Heute ist sie im Winter Skihütte und im Sommer beliebtes Wanderziel.

Frei nach dem lustigen Lied „Wenn alle Tag Montag Knödeltag, Dienstag Nudeltag, Mittwoch Strudeltag usw. wäre …", wird in der Hütte aufgekocht. Käsespezialitäten von der Alm, verschiedene Suppen, eine herzhafte Jause und saisonale natürliche Säfte erfreuen den Gaumen. Ganz besonders beliebt ist die Tafelspitzsülze, von der die Hüttenwirtin Gabi immer eine volle „Rain" (Pfanne) macht.

Gehzeiten: zur Zachhofalm 1 Stunde, zur Bürglalm zusätzlich ½ Stunde, für die gesamte Runde 2,5 Stunden, 330 Höhenmeter.

Tafelspitzsülze

Zutaten für 8 Portionen ✎

(hält sich gut im Kühlschrank):
450 g Tafelspitz
250 g Gemüse
(Karotten, gelbe Rüben, Lauch)
700 ml kräftige Rindsuppe
60 g Aspik
1 Schuss Essig

Zubereitung ✎

Den Tafelspitz weich kochen und ca.
15 Minuten vor dem Fertigwerden das
Gemüse zugeben. Abkühlen lassen
und danach würfelig schneiden. Die
Rindsuppe aufkochen, den Essig und
dann Aspik nach Anleitung dazugeben.
Alles etwas abkühlen lassen, Fleisch und
Gemüse vermischen, anschließend in
eine mit Klarsichtfolie ausgelegte Form geben
und wieder abkühlen lassen. Ausgefüllt wird
die Form mit der Suppen-Aspik-Mischung.
Anschließend einige Stunden in den Kühlschrank
stellen, bis die Sülze vollkommen erkaltet und
fest ist.

Hervorragend schmeckt sie mit einer Marinade
aus Balsamico-Essig, Salz, Pfeffer und Kernöl.
Mit Zwiebeln, Schnittlauch und eingelegtem
Knoblauch garnieren.

Information ✎

Bürglalm, Anton Bürgler

5652 Dienten am Hochkönig, Sonnberg 21 a

Tel.: +43 (0) 6461 426 oder 380

E-Mail: info@buerglalm.at, www.buerglalm.at

Bewirtschaftet von Mitte Mai bis Mitte Oktober

und in der Skisaison

Pongau

Mühlbach am Hochkönig

Das erste Wegstück über den Paussenberg ist eine Wanderung durch eine Freiluft-Kunstgalerie mit besonderen Aus- und Einblicken, wie zum Beispiel dem „Dynamischen Chaos" von Josef Gamsjäger oder dem „Tor zum Hochkönig" von dessen Bruder Franz. Überaus sehenswert sind auch die Kunstwerke „Gams" und „Augenblicke" von Max Sendlhofer. Die Durchsicht bei den „Augenblicken" weist auf drei Stollenmundlöcher des ehemaligen Erzbergwerkes hin. So sind ganz leicht die Positionen von Ellmaustollen, Johannastollen und Emilstollen auszumachen. Am Ende des Güterweges über den Paussenberg liegt die Jausenstation Pauss als eine der beliebtesten Gastwirtschaften von Mühlbach am Hochkönig. Die herrliche Lage, die bodenständige Kost sowie die Freundlichkeit, mit der die Familie Ammerer ihre Gäste umsorgt, zeichnen diesen Platz besonders aus.
Nun beginnt der nächste Schritt in Richtung Pronebenalm mit positiven Vorstellungen am „Weg der guten Gedanken". Dieser führt durch zauberhafte Margeritenwiesen und romantische Waldpassagen zum Stachlhof und im Weiteren vorbei an einem Marterl, welches mit dem Spruch: „A Platzerl für di" an eine naturbegeisterte Mühlbacherin erinnert. Ein „Platzerl" für jeden Wanderer gibt es nach

Die Ortschaft Mühlbach am Hochkönig kann auf eine 5000-jährige Kupferbergbaugeschichte zurückblicken. Vieles erinnert in und um den ehemaligen Knappenort noch an die Bergbauzeit. Der Erzweg zwischen Mühlbach und dem Arthurhaus führt an viele historische Stätten, und im Johannastollen können Interessierte die Zeit des Kupferbergbaus nachvollziehen. Um diesen Blick in die Vergangenheit zu vervollständigen, darf ein Besuch des Bergbau-Museums im Knappenheim nicht fehlen.
Neuerdings gibt es einen „Erzweg Kupfer", der von Hüttau über Bischofshofen nach Mühlbach am Hochkönig und weiter bis nach St. Veit führt. Direkt an diesem Weg liegt auch die Pronebenalm der Familie Deutinger.
Der Weg zu dieser idyllisch gelegenen Alm ist mit vielerlei Besonderheiten gepflastert.

den vielen guten Gedanken am Weg auf der Alm der Familie Deutinger vom Pronebengut in Mühlbach. Auch mit dem Mountainbike ist die Pronebenalm zu erreichen. Das schöne Almkreuz oberhalb der Hütte, Esel, Zwergziegen und Hasen erfreuen Jung und Alt. Hochkönig und Hochkeil geben der Alm überdies einen traumhaften Rahmen.

Pronebenalm ❧ (1290 m)

Die Pronebenalm ist das Reich der Bäuerin Andrea persönlich. Hier geht sie ihrer Liebe zu den Tieren genauso nach wie der Kunst, mit Almkräutern zu kochen. Sie sammelt alles, was der Almboden an Kräutern zu bieten hat, etwa Thymian, Dost, Salbei und Beinwell. In den Töpfen vor der Hütte wachsen Schnittlauch und Petersilie, die frisch geschnitten in die Speisen kommen. Andrea zur Seite steht der Koch Thomas Hechenberger, der es versteht, aus diesen Kräutern fantasievolle Speisen zuzubereiten wie den Almkräuterstrudel auf Blattsalat. Unerreicht als Augen- und Gaumenschmaus sind auch Pronebenalmjause, Königspofesen, dreierlei Knödel und verschiedene Aufstriche, die teilweise mit Kapuzinerkresse garniert werden.

❧ Gehzeit: von Mühlbach 1½ Stunden und 450 Höhenmeter, vom Paussbauer eine ¾ Stunde und 220 Höhenmeter.

Almkräuterstrudel auf Wildblütensalat

Zutaten ❧

1 Rolle Blätterteig
6 Beinwellblätter
6 Blätter Kapuzinerkresse
5 Scheiben Bergkäse
5 Scheiben Speck
3 Erdäpfel, geschält
1 Becher Sauerrahm
Salz, Pfeffer, Muskatnuss
Kräuter nach Belieben
Salat zum Garnieren

Zubereitung ❧

Erdäpfel vierteln, kochen und anschließend durch die Kartoffelpresse drücken. Mit Sauerrahm, Salz, Pfeffer und Muskatnuss zu einer sämigen Masse verrühren. Beinwell und Kapuzinerkresse waschen und die Mittelrippe flach schneiden. Blätterteig ausrollen und mit den Blättern, Speck und Käse sowie den frischen Naturkräutern belegen. Die gewürzte, sämige Erdäpfelmasse aufstreichen und das Ganze zu einem Strudel zusammenrollen. Mit Butter bestreichen und bei 180 °C goldgelb backen.

Information ❧

Pronebengut, Familie Deutinger

5505 Mühlbach am Hochkönig

Tel.: +43 (0)6467 7676

E-Mail: bauernhof@proneben.at

www.proneben.at

Bewirtschaftet von Ende Mai bis Ende Oktober

An der Südseite des Tennengebirges

Beinahe wie zum Mittelpunkt eines Spinnennetzes führen die Wege zur sonnig gelegenen Dr.-Heinrich-Hackel-Hütte am Abhang des Napf, oberhalb von Werfenweng.

Von der Wengerau, einem der schönsten Talschlüsse des Landes, ist die Hütte in eineinhalb Stunden zu erreichen. Dieser Anstieg ist der beliebteste unter den vielen Wegen und führt von der Wengerau über freies Weidegebiet zur „Grasleben" und weiter durch einen Hohlweg in den Bergwald zum „Stüdl Taferl", einer Gedenkstätte für den Mitbegründer des Österreichischen Alpenvereins Johann Stüdl (1839–1925). Beim Alptörl endet der Wald. Hier besteht die Möglichkeit, den weiteren Weg über die Mühlbachalm zu nehmen oder auf dem serpentinenreichen Steig die letzten der insgesamt 550 Höhenmeter zu überwinden. Es ist ein sagenhafter Weg im wahrsten Sinn, erzählt er doch die Legende der streitenden Brüder, die sich voneinander abwandten und seither als die zwei Eiskögel am Horizont thronen. Gestaltet haben diesen Sagenweg die Schülerinnen und Schüler der Volksschule Werfenweng.

Die Hackel-Hütte ist Ausgangspunkt für viele schöne Wanderungen und Bergtouren. Etwa durch die Tauernscharte zum Eiskogel (2321 m) in 2 Stunden oder zum Tauernkogel (2247 m) in 1,5 Stunden. Zur Schartwand mit dem gläsernen Gipfelkreuz (2316 m) in 2,5 Stunden. Weiters locken Tagestouren zur Werfenerhütte (6 Stunden) oder zum Leopold-Happisch-Haus (6 Stunden). Zum nahen Frommerkogel (1883 m) führt ein Weg über die Brandstättalm zum Jochriedel und weiter über die Brandlbergköpfe zum Gipfel mit seiner fantastischen Aussicht. Gehzeit: 2,5 Stunden.

❧ Wege und Wegzeiten zur Dr.-Heinrich-Hackel-Hütte: Vom Zaglauwinkel in Werfenweng in 2 Stunden. Von der Bischlinghöhe (Ikarus-Bergstation) in 1,5 Stunden, von Hüttau über Bischlingalm und Anton-Proksch-Haus in 4 Stunden, von der Aualm in Lungötz in 2,5 Stunden.

Dr.-Heinrich-Hackel-Hütte

(1550 m)

Die Dr.-Heinrich-Hackel-Hütte oberhalb von Werfenweng wird auch gerne als der „Balkon zu den Hohen Tauern" bezeichnet. Von der Hochalmspitze bis zum Kitzsteinhorn leuchten die Dreitausender mit ihren Gletschern wie aufgefädelt im Sonnenlicht. Alljährlich zum Almauftrieb Mitte Mai erblüht auch der große, stängellose Enzian, dessen Kelche in ihrer Fülle dem Hüttenhang einen blau schimmernden Glanz verleihen.

Blickt man in die Geschichte dieser Alpenvereinshütte, so erzählt sie vom Thronfolger Franz Ferdinand, der in seiner Jagdleidenschaft alle Wege in das Tennengebirge sperren lassen wollte. Damals gelang es dem Alpenverein, die „Söldenalpe" zu erwerben und somit das Tennengebirge zugänglich zu halten. 1912 erfreuten sich dann die Alpinisten an der neuen „Söldenhütte", die nun ein wichtiger Stützpunkt für Tennengebirgstouren war, musste man doch damals eine beschwerliche Anreise auf sich nehmen. Mit dem Zug nach Pfarrwerfen und dann zu Fuß nach Werfenweng und über die Wengerau zur „Söldenhütte", wie sie damals hieß.

Überdies hat die Alpenvereinshütte der Sektion Salzburg einen besonderen Bezug zu diesem Buch. Sie war über viele Jahre die Heimat von Sepp Forcher, der freundlicherweise dem Buch ein Vorwort als

Begleitung mitgibt. Seine Eltern, Hans und Paula Forcher aus Südtirol, haben die damalige Söldenhütte über 20 Jahre lang bewirtschaftet. Die enge Verbindung der Familie Forcher zu der Hütte bestätigt noch heute der Umstand, dass Sohn Karl die „Söldenhütte", wie auch er sie nennt, als Hüttenwart betreut und dabei die Interessen der Hüttenwirtin und jene des Alpenvereins vertritt. Als Autor dieses Buches erfüllt es mich ein wenig mit Stolz, diese Hütte über neunzehn Jahre lang selbst mit meiner Familie bewirtschaftet zu haben.

Heute steuern die Hütte Wanderer, Bergsteiger und Familien gerne zu einer Hüttennächtigung im Matratzenlager an.
Nach Renovierungsarbeiten in den 1990er-Jahren ist die Dr.-Heinrich-Hackel-Hütte heute nicht nur eine überaus lauschige und gemütliche Hütte, sondern auch ein Nest für das Gemüt, was zum Großteil der Hüttenwirtin Maria Gstatter zu verdanken ist, die seit Beginn des neuen Jahrtausends die Seele des Hauses ist.
In der kleinen Hüttenküche vollbringt sie große Taten, worauf allerdings die Namen der Schmankerl nicht unbedingt schließen lassen, wie „Bachna Ochsenschoas" beweist. Dessen Rezept verriet ihr einst die ehemalige Krimpelstätterwirtin Helga Essl, die mit ihrem Günther gerne die Dr.-Heinrich–Hackel-Hütte besucht.

Information

Dr.-Heinrich-Hackel-Hütte, Maria Gstatter

5453 Werfenweng

Tel.: +43 (0)664 3429114

E-Mail: Maria_Gstatter@gmx.at

www.hackelhuette.at

Ganzjährig geöffnet

Bachna Ochsenschoas

Zutaten für 5 Portionen ↩

90 g Butter
75 g Staubzucker
4 Eidotter
1 Eiweiß
75 g Kristallzucker
etwas Salz
200 g Topfen
Schale und Saft einer halben Zitrone
15 g Weißbrot, entrindet und klein geschnitten
50 g griffiges Mehl

Zubereitung ↩

Butter mit Staubzucker und Dotter schaumig rühren. Topfen mit Zitronensaft und Zitronenschale vermengen und vorsichtig unter die Buttermasse mischen.
Eiweiß mit Kristallzucker steif schlagen und ebenfalls unter die Topfenmasse heben. Das entrindete und geschnittene Weißbrot mit dem Mehl vermengen und behutsam einrühren. Nockerl formen und schwimmend in nicht zu heißem Fett herausbacken. Mit Zwetschkenröster und Staubzucker servieren.

Pfarrwerfen und Werfenweng verbindet neben der Hauptstraße auch die „alte" Straße über Einberg, Lampersbach und Zistelberg. Zwischen dem Gut Lampersbach und dem Grabenhäusl biegt die Zufahrt in Richtung Samerhof ab. Bei der ersten Wegabzweigung liegt der Mahdegg-Parkplatz.

Nur 10 Gehminuten vom Parkplatz entfernt bezaubert das Faistengut mit seiner sehenswerten Hofkapelle am Weg. Seit Generationen züchtet hier die Familie Quehenberger die seltenen Noriker Tiger-Pferde und so begegnet der Wanderer im Frühjahr und Herbst auf den Weiden rund um den Hof den weißen, kräftigen Kaltblutpferden mit den schwarzen Tupfen, deren Hauptzuchtgebiet eigentlich der Lungau ist. Oberhalb des Faistengutes beginnt der Bergwald, der sich ab und zu lichtet und den Blick ins Salzachtal und hin zum Hochkönig freigibt. Im letzten Drittel wird der breite Almweg flach und führt durch einen Graben, bevor noch ein kurzer Anstieg zum Almtor beginnt. Vor dem Ziel in 1200 Meter Höhe öffnet sich ein sanftes Almgebiet, eingerahmt von riesigen Ahornbäumen und mittendrin das malerische Almkreuz. Wegzeit für die 300 Höhenmeter: 1 Stunde. Die Zufahrtsstraße zur zweiten Anstiegsmöglichkeit vom Pfarrwerfener Schlamingberg zweigt gegenüber dem Sägewerk Mitteregger in Pfarrwerfen ab. Vorbei an der Odarsiedlung zieht sich der Güterweg Schlamingberg in weiten Schleifen von Bergbauernhof zu Bergbauernhof. An manchen Punkten dieses Güterweges geht der weite Blick hinunter bis zur Burg Hohenwerfen, zum Hagengebirge mit den Teufelshörnern und zum Hochkönig mit den spitzen Zacken der Mandlwand.

Der Ausgangspunkt des kürzesten Anstiegs zur Mahdegg Alm liegt etwa 200 Meter vor dem Unterholzgut. Dieser Steig führt bald aus dem Wald über blühende Almweiden zum Ziel, stets mit Blick zum höchsten Gipfel des Tennengebirges, dem Raucheck (2430 m), zu den Fieberhörnern und zum Hochthron. Nach 150 Höhenmetern, die in 20 Minuten zu schaffen sind, liegt schließlich die Mahdegg Alm vor dem Wanderer. Weidendes Almvieh vor der herrlichen Bergkulisse und eine kleine Kapelle vervollständigen die Almidylle.

Sehenswert ❧

Volkskultur ist am Ausgangspunkt beim Unterholzgut, dem letzten Anwesen am Schlamingberg, hautnah zu erleben. Zum einen wurde trotz Modernisierung des Bauernhauses die alte Rauchkuchl erhalten. Diese ist der Stolz des Hofes. Hans-Jörg Wimmer, Jungbauer vom Unterholzgut, ist ein talentierter Drechsler, der kunstvolle Schüsseln, Teller und andere Holzgegenstände fertigt und diese neben seinem köstlichen Bienenhonig auch ab Hof anbietet.

Mahdegg Alm ❧ (1209 m)

Der ursprüngliche Name dieser im Jagdhaus-Stil erbauten Hütte war Mordegg, abgeleitet von einer Sage aus jener fernen Zeit, als in dieser Gegend von zwei gräflichen Brüdern Eisenerz abgebaut wurde.

Beim Gut Eisenbrecht wurde das Erz gebrochen, beim Gut Schmiedegg verarbeitet und der Samer beförderte die gewonnenen Erzeugnisse zu Tal. Eines Tages gerieten die Brüder in Streit, bis einer den anderen erschlug. Dann verfiel der Erzabbau bis zum endgültigen Stillstand. An die Zeit des Erzabbaus erinnern heute noch am Südabhang des Tennengebirges die Bergbauernhöfe Eisenbrecht, Schmiedegg und Samer.

Besitzer und Bewirtschafter der Mahdegg Alm, die wegen ihrer Gastfreundschaft und der schmackhaften Küche gut besucht ist, ist Familie Huber. Kathi und ihre Tochter Karin haben Freude an der Bewirtung und stets ein herzliches Lächeln für die Gäste übrig.
Neben der deftigen Kaspressknödelsuppe, den saisonalen Wildgerichten, Kaiserschmarren und

einer zünftigen Bretteljause zählen vor allem Kathis echte Pongauer Fleischkrapfen zu den Spezialitäten auf der Mahdegg Alm.

Die Mahdegg Alm bietet Raum für Feste und Feiern und ist zudem ein idealer Ausgangspunkt für größere Bergtouren, wobei das beliebteste Ziel wohl die Werfener Hütte ist. Für Nächtigungsgäste stehen 40 Schlafplätze zur Verfügung.

Zur Werfener Hütte führen zwei Wege: der Panoramarundweg über die Griesscharte unterhalb der Fieberhörner, vorbei an der Thronleiter oder jener über den sogenannten Tanzboden und die anschließenden Serpentinen zu der Touristenklubhütte in 1967 Meter Höhe.

Die Gehzeit vom Unterholzerbauer zur Mahdegg Alm beträgt 20 Minuten (150 Höhenmeter), vom Faistengut 1 Stunde (300 Höhenmeter).

Information

Familie Huber

Lampersbach 29, 5453 Werfenweng

Telefon: +43 (0)6468 7110

oder +43 (0)6466 526

E-Mail: info@mahdegg-alm.at

www.mahdegg-alm.at

Geöffnet von Anfang Mai bis Ende Oktober

Pongauer Fleischkrapfen

Zubereitung ✎

Butter, Wasser, Milch und etwas Salz
aufkochen, rasch über das Mehl gießen
und zu einem glatten Teig verarbeiten.
Gut durchkneten. Der Teig darf nicht
zu weich sein.

Für die Fülle den Selchspeck in einer
Pfanne anrösten und auslassen.
Zwiebeln und Knoblauch klein
schneiden und darin anschwitzen.
Die Erdäpfel würfeln, mit der fein
gehackten Petersilie und dem fein geschnittenen
Lauch vermengen. Das Fleisch ebenfalls würfelig
schneiden, würzen und alle Zutaten zu einer
schmackhaften Fülle vermischen.
Runde Teigstücke formen und dünn ausrollen,
mit Füllung belegen, zusammenklappen und
die Ränder fest andrücken. Anschließend in
heißem Fett schwimmend herausbacken und mit
Sauerkraut servieren.

Teig ✎

30 g Butter
125 ml Wasser
125 ml Milch
Salz
250 g Roggenmehl
250 g Weizenmehl
Fett zum Herausbacken

Fülle ✎

50 g gewürfelter Selchspeck
einige Jungzwiebeln
etwas Knoblauch
200 g geselchtes, gekochtes Schweinsbrüstl
200 g geselchtes, gekochtes Rindfleisch
2 große gekochte Erdäpfel
etwas Lauch, Petersilie,
frische Kräuter, Salz, Pfeffer

Sauerkraut als Beilage

Hochgründeck

Das Hochgründeck ist einer der schönsten Aussichtsberge im Land Salzburg. Durch die ideale Lage zwischen Salzachtal, Fritztal und Ennstal können bei klarer Sicht 20 000 Quadratkilometer, also ein Viertel(!) Österreichs, überblickt werden. Die am weitesten entfernten Berge sind dabei die Zillertaler Alpen, der gesamte Alpenhauptkamm und die Kette der Niederen Tauern bis hin zu den Eisenerzer Alpen. Neben dem Gosaukamm und Dachsteingebiet reicht der Blick auch zum Höllengebirge und vom nahen Tennengebirge zu Hagengebirge, Watzmann, Hochkönig und Kitzbüheler Alpen.

Der ursprüngliche Weg zum Hochgründeck führt von der Hahnbaumalm in St. Johann über die sogenannte Knappenstube zum Hochgründeck, wobei die Gehzeit von der Hahnbaumalm 2,5–3 Stunden beträgt.

Im Wagrainer Seitental Ginau, welches bereits im Jahr 1246 als Käseschwaige vom Stift St. Peter bewirtschaftet wurde, beginnt beim Fellehen der Musikweg, an dem vieles über Pongauer Volksliedsänger, Musikkapellen und Komponisten zu erfahren ist. Auf halber Strecke des zweistündigen Weges liegt die renovierte, über 300 Jahre alte Bergkirche, in der Steine aus Jerusalem eingebaut sind, die der damalige Leitenbauer von seiner Pilgerreise mitbrachte.

Von der Klammalm oberhalb von Hüttau, erreichbar durch das Igelsbachtal, führt der Meditationsweg. Erste Station an diesem Weg ist die Klammalm-Hauskapelle. Anschließend begleiten die Wanderer auf diesem zweistündigen Waldweg interkulturelle Religionserfahrungen, die zum Nachdenken anregen.

In Bischofshofen beginnt auch der St.-Rupert-Pilgerweg, der in der ersten Etappe zunächst auf den Buchberg mit seiner malerischen Kirche führt. Eine Besonderheit dieses Gotteshauses sind die Fresken aus dem 11. Jahrhundert. Über das Anwesen Oberberg geht es weiter durch den Wald zur Hörndlkapelle, einem Kraftplatz, von dem der Weg zum Hochgründeck in der Folge steiler ansteigt. Vom Buchberg sind für diese Route drei Stunden zu berechnen.

Als weiterer Anstieg bietet sich von Bischofshofen ausgehend der Friedensweg zur

Friedenskirche nahe dem Gipfel an. Die Zufahrt erfolgt von Bischofshofen über den Buchberg zum Ronachhof, wo der Friedensweg beginnt. Auf diesem Weg stehen die großen Friedensfürsten von Mutter Teresa bis Franz von Assisi im Mittelpunkt. Nach einer halben Stunde zweigt vom Friedensweg der Sportweg ab, welcher der kürzeste, aber steilste Anstieg zum Hochgründeck ist. All diese Wege sind der großartigen Initiative des Hüttenwirtes Hermann Hinterhölzl zu verdanken.

Den Gipfel des Hochgründeck ziert in einer Höhe von 1827 Meter, wo sich der sagenhafte Blick weitet, ein Kreuz der Brauchtumsgruppe D'Hochgründecker. Alljährlich findet unterhalb des Gipfels am 15. August das Hochgründeck-Ranggeln statt.

Die Gehzeiten zum Hochgründeck bewegen sich zwischen 2 und 3 Stunden, wobei der Höhenunterschied zwischen 550 und 800 Meter variiert.

Heinrich-Kiener-Haus
(1792 m)

Das Heinrich-Kiener-Haus am Vorgipfel des Hochgründeck hat Herman Hinterhölzl im Jahr 1979 von der Stieglbrauerei erworben und seither zu einer rundherum umweltfreundlichen Hütte ausgebaut. Er ist ein Tüftler in Sachen Energie und hat für seine alternative Sonnenenergienutzung den Europäischen Solarpreis und viele andere Auszeichnungen erhalten. Ursprünglich hieß die Hütte „Hochgründeck-Schutzhaus" und wurde schon 1886 erbaut, somit

zählt sie zu den ältesten Berghütten des Landes. Oberhalb des Heinrich-Kiener-Hauses hat Hermann Hinterhölzl im Jahr 2004 auf einem besonderen Kraftplatz die zuvor erwähnte St.-Vinzenz-Friedenskirche erbaut, die von Erzbischof Dr. Alois Kothgasser eingeweiht wurde. Das Besondere an dieser Kirche ist die Zahl Zwölf, die mit den zwölf Aposteln, den zwölf Stämmen Israels und den zwölf Monaten des Jahres zusammenhängt. Auch die zwölf Ecken der Kirche weisen auf diese Zahl hin.

Im Heinrich-Kiener-Haus gibt es 28 Nächtigungsplätze, wobei sicherlich die einzigartigen Sonnenauf- und -untergänge bei vielen Grund zur Übernachtung sind. Aber es dient auch als Stützpunkt für jene, die auf dem Almenweg oder Pilgerweg kreuz und quer durch Salzburg unterwegs sind.

Vier Mountainbike-Strecken führen zum Hochgründeck, von denen sicherlich die Watzmann-Hochkönigrunde die bekannteste ist.

Als Hüttenschmankerl darf man sich auf ein deftiges Bratl freuen, auf Bratwürste, Kaiserschmarren, Suppen und Pofesen. Nächtigungsgäste erwartet eine besondere Spezialität: „Lampischwärfi oder Buamazipfei".

Information 🌿

Hermann Hinterhölzl

Ginau 17, 5600 St. Johann im Pongau

Tel.: +43 (0)664 2774558

E-Mail: hochgruendeck@sbg.at

www.hochgruendeck.at

Geöffnet von Mitte Mai bis Mitte November

„Lampischwärfi" oder „Buamazipfei"

Zutaten für 8 Personen ❧

Kartoffelteig:
500 g gekochte Kartoffeln vom Vortag
3 Eidotter
200 g griffiges Mehl
40 g Grieß
40 g zerlassene Butter
1 Prise Salz
geröstete Brösel

Butterbrösel:
150 g Butter
200 g Semmelbrösel
40 g Zucker
Staubzucker zum Bestreuen

Zubereitung ❧

Kartoffeln pressen und alle Zutaten auf einmal zu einem Kartoffelteig verarbeiten. Etwas ruhen lassen, in kleine Portionen schneiden und zwischen den Handtellern zu Nudeln formen. In wallendem Salzwasser sieden, bis sie vom Boden aufsteigen (ca. 8–10 Minuten).

Butter in einer Pfanne zerlassen, Brösel und Zucker untermischen. Es soll eine trockene Masse sein. Nudeln darin schwenken mit Staubzucker bestreut servieren. Dazu passen verschiedene Marmeladen oder Apfelmus.

Goldegg

3,5 km nach Goldegg-Weng liegt der Böndlsee, ein Bergsee, der im Sommer relativ warme Temperaturen erreicht und nach einer Wanderung zum Hineinspringen verleitet. Kurz vor dem See zweigt beim Trogbauer die Zufahrt zum Irrsteinbauer ab. Nahe dieses Bergbauernhofes in 1008 m Höhe beginnt beim Parkplatz die Wanderung zur Meislsteinalm. Durch Weidegebiet geht der Anstiegsweg zunächst zur Mitteralm und Hackeralm. Letztere ist von Mai bis Ende Oktober bewirtschaftet und eine willkommene Einkehr zu einer Krapfenjause nach rund zwei Drittel des Weges. Nach einer Gehstunde liegt die Meislsteinalm auf einem wunderbaren Aussichtsplatz zu den Gasteiner Bergen. Eine zweite Möglichkeit, zur Meislsteinalm zu wandern, besteht in einem flachen Waldweg vom Hochploinbauer in nur 25 Minuten.

Zu dem Hof erfolgt die Zufahrt von der Oberwengkapelle in Goldegg-Weng über den Güterweg Hochploin. Unterhalb des Hochploinbauern liegt der Archehof des geistlichen Professors Ambros Aichhorn, der hier alte Ziegen- und Schafrassen pflegt. Bekannt wurde der Wissenschaftler aber durch seine Hummel- und Vogelforschung, die er in Büchern veröffentlicht hat. Zwischen dem außergewöhnlichen Hof und dem Hochploinbauern gibt es eine Parkmöglichkeit.

Der Besitzer der Meislsteinalm, Karl Streitwieser, hat am nahen Seekarl eine Hirtenkapelle erbauen lassen, die auf einem wunderschönen Platz steht. Die beinahe lebensgroße Krippendarstellung als Altar schuf der Bad Hofgasteiner Bildhauer Max Kössler. Beim Blick durch das Altarfenster ist eingerahmt vom Fensterstock der Gipfel des Hochkönig zu sehen. Im Frühling kommen Besucher des Seekarl ins Staunen, wenn sie den violett-weißen Schimmer der blühenden Krokusse erblicken, die nur sehr selten in so großer Dichte vorkommen. Nahe der Kapelle, beim Blick in Richtung Alm, ist in einer Mulde ein viel besuchter „Kraftplatz". Auf den Weiden grasen Pinzgauer Rinder und einige Pferde.

Meislsteinalm ✌ (1284 m)

1970 fiel die alte Almhütte samt Stall einem Brand zum Opfer und wurde vier Jahre später an anderer Stelle neu erbaut. Über lange Zeit stand nur der Rohbau. 1996 wechselte die Alm den Besitzer, der sich mit diesem Kauf einen Traum erfüllte und die Almhütte in altem Stil zu einer gemütlichen Einkehr ausbaute.

Bewirtschafter der Meislsteinalm sind seit 2002 Anni und Albert Gschwandtl vom Böndlsee, die mit viel Liebe das Wandervolk mit erlesenen Alm-schmankerln verwöhnen, wie etwa mit Bauern-bratl, Wetzsteinnudeln oder dem Küchengeheimnis Grünfleischknödel. Wanderern, die sich bei Anni anmelden, kredenzt sie eine Spezialität in Form von Butterkräuternudeln, deren Rezept sie ausnahms-weise in diesem Buch bekannt gibt.

✌ Gehzeiten: Vom Trogbauer 1 Stunde und 400 Höhenmeter, vom Hochploinbauer 25 Minuten und 80 Höhenmeter. Zum Seekarl sind es von der Meislsteinalm nur 20 Minuten und 100 Höhenmeter.

Information ✌

Anni und Albert Gschwandtl

Boden 5, 5622 Goldegg

Tel.: +43 (0)664 63 60740 oder

+43 (0) 6416 7314

E-Mail: info@gaestehaus-gschwandtl.at

www.gaestehaus-gschwandtl.at

Bewirtschaftet von Anfang Mai bis Ende

Oktober, Montag ist Ruhetag

Butterkräuternudeln

Anni kocht des Aufwandes wegen natürlich große Portionen, deshalb ist die Mengenangabe für 8–10 Personen.

Zutaten für den Nudelteig ↢

300 g griffiges Mehl
2 Eier
2 Eidotter
1 EL Öl
1 TL Salz

Fülle ↢

100 g Spinat
200 g Löwenzahnblätter
200 g Brennnesselblätter
1 EL Butter
1 EL Mehl
4 EL Rahm
50 g Frischkäse
100 g Topfen
4 EL geriebener würziger Käse
30 g Mandelkerne
1 Ei
Knoblauch, Muskat, Salz und Pfeffer

Zubereitung ↢

Alle Zutaten für den Teig zu einer glatten Konsistenz verarbeiten und eventuell etwas Wasser hinzugeben, falls der Teig zu fest ist. Etwas ruhen lassen.

In der Zwischenzeit die Kräuter kochen und fein pürieren, Mandeln mahlen, alle Zutaten vermischen – und die Fülle ist fertig. Nudelteig etwa 2 mm dick auswalken und mit einer Form oder einem Glas Taler mit einem Durchmesser von 8–10 cm ausstechen. Mit dem Löffel ein Häufchen Fülle daraufsetzen, den Teig einschlagen und die Ränder gut festdrücken. Die Butterkräuternudeln in Salzwasser 10 Minuten wallen lassen. Nach dem Abtropfen pro Portion 5 Butterkräuternudeln auf dem Teller mit etwas brauner Butter übergießen.

In früheren Zeiten gab es keinen Weg vom Salzachtal durch die Klamm in das Gasteinertal. Da stand zu Beginn der Besiedelung des Tales nur ein Saumpfad zur Verfügung. Später wurde dieser zu einem Karrenweg ausgebaut.

Bis zu 100 Pferde bevölkerten das Almgebiet und erholten sich von den Anstrengungen, die dieser Höhenübergang von ihnen gefordert hatte, bis sie erneut vor den Karren oder die Kutsche gespannt wurden.

Die älteste Kultstätte des Gasteinertales ist die Drei-Waller-Kapelle. Ihr Ursprung geht der Sage nach bis in das 7. Jahrhundert zurück, und die Geschichte erzählt von drei Wallern (Wallfahrern), die barfuß ins Heilige Land gepilgert sein und auf dem Heimweg Schlimmes erlebt haben sollen. Sie waren letztlich nur mehr von dem Wunsch beseelt, noch einmal die Heimat zu sehen. Der Sage nach haben sie im Kapellenbereich ihre letzte Ruhestätte gefunden. Eine andere Sage erzählt von den drei Wallern, die den Bewohnern wertvolle Gaben gebracht haben sollen: den Pflug, den Schlägel und die Bibel.

Bereits Erzbischof Wolf Dietrich von Raitenau ließ 1592 an dieser Stelle eine Kapelle errichten. Die heutige Kapelle ist nach Plänen von Clemens Holzmeister 1972 erbaut worden.

Amoseralm ⌇ (1200 m)

Vom Dorfgasteiner Ortsteil Unterberg geht es zuerst bergan zu einem Wildbach-Verbauungswall, wo ein Bildstock den Parkplatz verschönert. Zunächst erfolgt der Aufstieg durch einen Erlenwald. In den Morgenstunden ist dieser Weg besonders eindrucksvoll, wenn die Sonne im Spiel mit dem Morgendunst märchenhafte Stimmungen erzeugt. Nach einer halben Stunde gabelt sich der Almweg, wobei es geradewegs weiter zur Kögerlalm geht und der Weg zur Amoseralm nach links abzweigt. Nur wenige Gehminuten in Richtung Amoseralm ist das freie Almgebiet erreicht und es führt den Blick über einen Heustadel hinweg in das Gasteinertal. Als zweite Anstiegsvariante zweigt

kurz nach dem Parkplatz der sogenannte Bärenweg zur Amoseralm ab, der mit Bärenkneippbecken und Bärenrastplätzen vor allem Kinder erfreut und bei Wanderlaune hält.

Der Weg ist gut markiert, und in einer Gehstunde ist die Amoseralm erreicht. Schafe, Wollschweine, Hühner und Hasen bevölkern die Umgebung der Almhütte, auf deren Vorplatz ein Backofen und einen Selchofen die Blicke auf sich ziehen. Die Sennerin Gretl lädt jeden Donnerstag ab 11 Uhr zum Brotbacken ein, was einen unterhaltsamen Almtag garantiert. Wenn sie Zeit hat, erzählt sie auch gerne von ihren Abenteuern, als sie zum Beispiel eineinhalb Jahre lang in Albanien zwei

österreichischen Missionsschwestern zur Hand ging. Ihr Almbrot-Rezept wird sicher vielen Hobby-Bäckern Freude bereiten.

Information ✎

Amoseralm, Familie Röck

Unterberg 15, 5632 Dorfgastein

Tel.: Nr.: +43 (0)6433 7285

E-Mail info@amosergut.at

Web: www.amosergut.at

Bewirtschaftet von Mitte Mai bis 20. Oktober

Almbrot von der Amoseralm

Sauerteigzubereitung ❧

Sauerteigzubereitung:
100 g Roggenmehl
200 ml Wasser

Mehl und Wasser verrühren und mit einem
Geschirrtuch zugedeckt an einen warmen Platz
stellen, bis sich Blasen bilden (ca. 2 Tage). Diesen
Sauerteig in ein Schraubverschlussglas geben.
Kühl gelagert kann er darin etliche Wochen
aufbewahrt werden.
Am Abend vor dem Backen gibt man die
gleiche Menge Mehl und Wasser zum
vorhandenen Sauerteig und lässt ihn aufgehen.
Etwa die Hälfte des Sauerteiges wird zum Backen
verwendet, die andere Hälfte bis zum nächsten
Brotbacken gekühlt im Schraubverschlussglas
aufbewahren.

Brotzubereitung ❧

800 g Roggenmehl
800 g Weizenmehl
1 EL Salz
2 EL Brotgewürz
(Fenchel, Koriander, Kümmel)
etwas Germ/Hefe
ca. 500 ml warmes Wasser, Molke oder
Buttermilch

Alle Zutaten vermischen und gut
durchkneten. Anschließend den Teig warm
stellen, bis er schön aufgeht. Dann nochmals
durchkneten und Laibe formen. Nochmals
kurz gehen lassen. Die Laibe im Backrohr
bei abfallender Temperatur (zu Beginn
ca. 220 °C und dann 180 °C) eine ¾ Stunde
bis 1 Stunde backen.

Kögerlalm (1360 m)

Über die unbewirtschaftete Stoffalm geht es von der Amoseralm im Abstieg durch den Wald zum Almfahrtweg der Kögerlalm, wo der Weg anschließend hinauf zur Huabalm führt, einer Hütte, in der man sich nach Anmeldung in der Kögerlalm wochenweise einquartieren kann.

Hier wandelt sich der Wald in eine Almlandschaft und ein schöner Blick zu den Gasteiner Grasbergen öffnet sich, während im Hintergrund Rauchkögerl und Bernkogel thronen.

Es geht vorbei an der Drei-Waller-Kapelle und der Weg führt leicht fallend vorbei an der Höhenwarthütte und 500 Jahre alten Ahornbäumen zur Kögerlalm. Hier wird Heimatgeschichte gegenwärtig. Die Kögerlalm war früher Post- und Pferdewechselstation. Daher stammt auch ihr alter Name „Postmeisteralm". Im Frühjahr 2011 fiel die alte Almhütte einem Brand zum Opfer und wurde daraufhin neu erbaut. Viele Geschichten ranken sich um die Kögerlalm, die noch heute in den Grundbüchern als Postmeisteralm geführt wird.

Saller Wetti vom Lehengut bewirtschaftet mit ihrer Familie diese Alm, in der es nach Blattlkrapfen und Sauerkraut duftet. Wetti ist eine Vorkämpferin für den „Ab-Hof-Verkauf", um der Landwirtschaft eine bessere Existenzgrundlage zu verschaffen.

Auf der Terrasse der Alm bietet sich ein Blick, der schöner nicht sein könnte. Die Kalkalpen vom Steinernen Meer über den Hochkönig bis zum Dachstein liegen wie auf dem Präsentierteller vor dem Betrachter.

Freundliche, liebevoll im Almstil eingerichtete Zimmer ermöglichen selbst verwöhnten Gästen einen angenehmen Aufenthalt, wenn man einige Tage in dieser Traumlandschaft verbringen möchte.

Auf Gipfelstürmer wartet in der Nähe das Rauchkögerl. Die Gehzeit zu diesem 1810 Meter hohen Gipfel beträgt eine gute Stunde.

Wer nicht auf ein parkendes Auto angewiesen ist, kann entlang des Salzburger Almenweges nach Lend absteigen. Dieser Weg vom Ortsteil Gigerach ist auch ein beliebter Anstiegsweg (600 Höhenmeter, 1,5–2 Stunden).

Ein größerer Rundweg führt zunächst von der Kögerlalm in das Teufenbachtal und weiter talauswärts, wo ein Verbindungsweg zum Salzburger Almenweg und weiter nach Gigerach bei Lend besteht.

Gehzeit zur Amoseralm 1 Stunde und 300 Höhenmeter, zur Kögerlalm 2½ Stunden, 450 Höhenmeter.

Roggen Bladln

Zutaten ❧

850 g Roggenmehl
150 g Weizenmehl
Salz nach Belieben
ca. 350 ml Milch
ca. 350 ml Wasser
50 g Butter
Öl zum schwimmend Backen
Sauerkraut als Beilage

Zubereitung ❧

Das Mehl vermengen und
etwas salzen. Wasser und Milch
mischen, die Butter dazugeben
und zum Kochen bringen.
Anschließend damit das Mehl
abbrennen. Dieser Vorgang erfordert viel Gefühl!
Der Teig darf nicht zu weich werden. Er soll so
fest wie Brotteig sein.

Die Teigmasse 3–4 mm dick auswalken, runde
oder eckige Bladln ausschneiden und in sehr
heißem Fett herausbacken. Mit einem großen
Löffel stets die Oberseite mit Öl überschütten
und wenden, dann hebt sich das Roggenbladl
zu einem luftgefüllten Polster.
Dazu wird Sauerkraut serviert, welches auf
die Roggenbladln kommt und mit dem Bladl
eingerollt gegessen wird.

Information ❧

Kögerlalm

Familie Saller

Kreuzberg 14, 5500 Bischofshofen

Tel.: +43 (0)664 4540143

E-Mail: b.saller@a1.net

Bewirtschaftet von Mitte Mai

bis Ende Oktober

„Nassfeld zu Wildbad Gastein" bezeichnete einen der schönsten Talschlüsse im Nationalpark Hohe Tauern, bevor durch die winterliche Erschließung der Name „Sportgastein" das Nassfeld in den Hintergrund rückte. Im Sommer ist das Nassfeld jedoch ein Naturparadies in einer abwechslungsreichen Almlandschaft, in der sechs Almhütten auf Gäste warten.

Drei Täler teilen sich diesen Talschluss in der Goldberggruppe: das Signitztal, umrahmt von Schareck (3123 m), Riffelscharte (2472 m) und Kolmkarspitz (2529 m), das Nassfeldertal und das Weißenbachtal. Dieses kurze Seitental ist auch Ausgangspunkt für große Bergtouren. So geht es etwa über die Bockhartseen zur Bockhartscharte und weiter nach Kolm-Saigurn oder über den Hermann-Bahlsen-Weg hinauf zum Niedersachsenhaus auf der Riffelscharte, welches wiederum Ausgangspunkt zur Schareckbesteigung ist.

Das Nassfeldertal liegt zwischen Kreuzkogel und Schareck. Abgeschlossen wird es vom Mallnitzer Tauern. Zu den schönsten Bergerlebnissen zählt hier wohl der Kulturwanderweg Römerstraße zur Hagener Hütte in 2448 Meter Höhe. Um diese einzigartige Berglandschaft intensiv zu erleben und zu begreifen, sollte man sich, wie in allen Nationalparktälern, einem Nationalpark-Ranger anschließen. Über das Sommerprogramm ist bei den Informationsstellen der Nationalparkgemeinden alles zu erfahren oder im Internet unter www.hohetauern.at.

Im hinteren Nassfeldertal zweigt nach Osten als drittes Tal das Weißenbachtal ab. Der Weg in dieses Naturjuwel führt zu einem unberührten Plateau in der Kernzone des Nationalparks Hohe Tauern. Hier herrscht absoluter Naturschutz! Ausgehend vom Parkplatz sticht zuerst das Valeriehaus ins Auge, benannt nach der Erzherzogin Marie Valerie Mathilde Amalie von Österreich (1868–1924), einer Tochter von Kaiser Franz Joseph I. und Kaiserin Elisabeth von Österreich. Am Valeriehaus rechts vorbei geht es in das Signitztal zur bewirtschafteten Viehhauseralm. Unterwegs liegt an den Hang geschmiegt das Schaukraftwerk „Gewerkschaft Rathausberg" des Montanmuseums Altböckstein (geöffnet Mittwoch und Freitag jeweils von 14–16 Uhr).

Zur Viehhauseralm am Beginn des Signitztales sind es nur 15 Gehminuten.

Durch das große Almgebiet im Nassfeldertal mit vielen bewirtschafteten Almhütten führen ein zwei- und ein dreistündiger Naturlehrweg, der unter anderem über die Geologie und Bergbaugeschichte, die Lebensgrundlage Wasser und den Lebensraum Almwiese informiert. Als erste Hütte liegt die Schareckalm auf einer kleinen Anhöhe am Weg. Nur wenig später lädt die Moisesalm zu Topfenkugerl und Frischkäse in Kräutermarinade. Gleich daneben liegt die malerische Pottingeralm, ein Geheimtipp für alle, die gerne einmal ein Gasteiner Holzknechtmuas essen möchten. Gröstlfeinschmecker erfahren die Erfüllung ihrer Wünsche bei Blutwurstgröstl und Erdäpfelgröstl

nach einer halben Gehstunde auf der Nassfeldalm, wo auch der Bergtilsiter erzeugt wird und bei der Alm direkt zu erwerben ist. Ein Stück weiter des Weges lockt nach der Nassfeldbachüberquerung die Moaralm mit frischer Milch, Buttermilch und anderen Alm- und Bauernhof-Köstlichkeiten. Als letzte und hinterste Alm des Nassfeldertales ist die Veitbaueralm erreicht. Die Gehzeit entlang des breiten Talweges beträgt zur Veitbaueralm etwa eine Dreiviertelstunde (40 Höhenmeter).
Alle Almen im Bereich Gasteiner Nassfeld/ Sportgastein sind von Mitte Juni bis Mitte September geöffnet. Nassfeldalm und Valeriehaus werden ganzjährig bewirtschaftet (außer während der Schneeschmelze von Mitte Mai bis Mitte Juni und im Spätherbst).

Pottingeralm ✍ (1600 m)

Viele Schmankerl auf vielen Almhütten in einem unendlich schönen Almtal – da fällt die Auswahl für ein besonderes Almgericht schwer, doch irgendwie drängt sich bei allen Angeboten im Nassfeld doch das Gasteiner Holzknechtmuas in der Pottingeralm auf.

Die Almhütte drückt sich an den Hang und empfängt den Besucher mit geschmackvollen, bunten Blumenstöckchen in geschnitzten Bergschuhen. Kühe, Ziegen, Schweine, Hund und Katz bevölkern den Boden um die Hütte und in der Hütte werken Karin und Martin Röck vom Pottingerhof im Bad Hofgasteiner Ortsteil Gadaunern.

In früheren Zeiten hieß die alte Hütte „Moserhütte" und verfiel zusehends, bis sich die jungen Bauersleute entschlossen, eine neue Hütte zu bauen und diese nach dem Hof zu benennen. Der Altbauer Peter Röck, vulgo Pottinger, hat eine besondere Gabe, aus Holz die verschiedensten Sachen herzustellen. Mit liebevollen Details hat er die Hütte zur Freude der Besucher geschmückt. Außerdem drechselt er Holzschüsseln, schnitzt Reliefs und baut die sogenannten Teufelsgeigen.

10 Personen finden auf der Pottingeralm Platz zum Übernachten, und Wanderer werden mit Schweinsbratl, Kasnocken und dem berühmten Gasteiner Holzknechtmuas verwöhnt.

Gasteiner Holzknechtmuas

Wie schon der Name sagt, war das Holzknechtmuas eine Speise, von der sich früher die Waldarbeiter hauptsächlich ernährten, da sich die Zutaten über Tage hielten. Mit den Beeren des Waldes kam auch etwas Abwechslung in die Pfanne.

Zutaten für 2–3 Personen

150 g Butter
300 g Mehl
etwas Salz
ca. 250 ml kochendes Wasser
Zucker zum Bestreuen
eventuell Früchte wie Äpfel, Kirschen oder Schwarzbeeren

Zubereitung

Mehl mit einer guten Prise Salz vermengen, mit kochendem Wasser aufgießen und gut verrühren. Der Teig sollte eher auf der trockenen bzw. festen Seite sein.
In einer unbeschichteten Pfanne (am besten eine Eisenpfanne) die Butter zerlassen, die Mehlmasse beigeben und bei mittlerer Hitze unter ständigem Zerstechen und Wenden goldgelb backen. Es gilt die Devise: je feiner und knuspriger, desto besser. Aber nicht braun werden lassen!

Tipp der Sennerin Karin

Hervorragend schmeckt das Holzknechtmuas unter Beigabe von Kirschen (mundartlich: Kerschmuas) oder Schwarzbeeren. Auch würfelig geschnittene Äpfel passen wunderbar. Es wird mit Staubzucker bestreut und in der Pfanne serviert und ist ein sättigendes Gericht, zu dem am besten eine Schottsuppe oder ein Kaffee mundet.

Information

Pottingeralm

Karin und Martin Röck

Gadaunern 9, 5630 Bad Hofgastein

Tel.: +43 (0)664 1815188

Bewirtschaftet von Mitte Mai bis Mitte September

Schon der Ausgangspunkt für eine kulinarische Wanderung auf die Kreealm beim Talwirt, fünf Kilometer hinter Hüttschlag, lohnt einen Ausflug. Ein sehenswertes Freilicht- und Talmuseum dokumentiert das bäuerliche Leben von anno dazumal auf beeindruckende Art und Weise. Im ersten Stock des Talwirtes gibt es eine Ausstellung des Nationalparks Hohe Tauern über das Leben im Bergwald, wobei auch vieles über den größten Nationalpark der Alpen zu erfahren ist. Geöffnet ist die Ausstellung während der Öffnungszeiten des Talwirtes. Im Hofladen des Talwirtes werden viele herrliche Produkte, von Speck bis zu Säften, Edelbränden und anderen Köstlichkeiten des Tales, angeboten. Nach dem gegenüberliegenden Stockhamhof zweigen zwei Wege ab: ein eineinhalbstündiger Weg in das Schödertal zum periodischen Schödersee (1440 m), der sich nur zur Zeit der Schneeschmelze füllt oder nach besonders starken Regengüssen. Unsere Wanderung steigt über 500 Höhenmeter in das Gebiet der Kreealm an. Gleich zu Beginn stäubt ein hoher Wasserfall, bevor sich der breite Almweg den Berg hinaufwindet. Unterwegs gibt es schöne Blickwinkel durch das Großarltal und nach den Rechtskehren hin zum 2886 Meter hohen Keeskogel mit dem Gstößkees.

Außer diesen Aussichtspunkten geht es vorwiegend durch den Hochwald, der sich erst kurz vor der Kreealm bei einer kleinen Holzkapelle lichtet. Nun liegt die Wahl des Almbesuches bei jedem Einzelnen. Die untere Hütte ist die Kreealm (1482 m), wo die Sennerin Greti Kreer die Almwirtschaft führt. Produkte von der Alm und hausgemachte Mehlspeisen werden den Gästen kredenzt. 30 Höhenmeter oberhalb grüßt die Kreealm-Bichlhütte von Weitem mit wehender Fahne und den Türmen des Spielplatzes.

Wandermöglichkeiten ⚘

Von der Kreealm sind auch ausgedehnte Bergtouren zu unternehmen. Eine beliebte Wanderung führt in zwei Stunden durchwegs durch baumloses Gelände zum Murtöl in

der Kernzone des Nationalparks Hohe Tauern. Großartig sind auch die Tagestouren zum Weißeck oder zum Tappenkarsee. Diese Touren erfordern aber Bergerfahrung und entsprechende Ausrüstung.

🖎 Gehzeit zur Kreealm: 1,5 Stunden,
  500 Höhenmeter.

Kreealm-Bichlhütte 🖎

Die Bichlhütte mit der dazugehörigen Alm ist seit 1870 im Besitz der Familie Ebner vom Oberbichlhof in Großarl. Im Zuge des Güterwegebaus wurde die bereits baufällige alte Hütte abgetragen und an ihrer Stelle eine neue Almhütte aus Holz errichtet. Beim Neubau wurde darauf geachtet, alte Teile der Hütte in die neue einzubeziehen. Eine Altholzstube und eine Zirbenstube lassen die Rast zu einem gemütlichen Aufenthalt werden, bei dem Schmankerl der Region und feine Almprodukte auf den Tisch kommen.

Ein Teil der anfallenden Milch von den 18 Kühen wird zu Almprodukten wie Sauer- und Süßkäse, Ölkäse und Topfenaufstrichen verarbeitet. Ei mit Speck, Kaiserschmarren und Krainerwürste schmecken besonders gut und auch die Köstlichkeiten für die Brettljause stammen aus der eigenen Landwirtschaft. Butter und Buttermilch sind selbstverständlich jederzeit zu genießen. Neben Tirolerknödelsuppe, Kaspressknödelsuppe und Leberknödelsuppe kann auf Wunsch auch eine Farferlsuppe bestellt werden.

Farferlsuppe

Farferln werden aus einem ähnlichen Teig bereitet wie Eiernockerl.

Zutaten ✍

200 g Mehl
3 Eier
Salz
Speck nach Geschmack
150 ml Wasser

Zubereitung ✍

Wasser und Ei versprudeln, salzen und mit dem Mehl zu einem feinen Teig verarbeiten. Eine beliebige Menge Speckwürfel rösten, anschließend unter den Teig mischen, mit einem nassen Löffel Nockerl ausstechen und in kochendem Wasser ca. 5 Minuten kochen.
Die Farferl können in der Rindsuppe oder, mit etwas mehr Speck im Teig, auch mit Salat serviert werden.

Information ✍

Kreealm-Bichlhütte, Familie Ebner

Eben 9, 5611 Großarl

Tel.: +43 (0)664 5371654

E-Mail: ebner.oberbichlhof@aon.at, www.ebner.at

Bewirtschaftet von Anfang Juni

bis Ende September, Nächtigungsmöglichkeit

für 15 Personen

Information ✍

Talwirt/Talmuseum

See 30

5612 Hüttschlag

Tel.: +43 (0)6417 444

E-Mail: talwirt@a1.net

www.talwirt.at

Der Ausgangspunkt liegt wiederum beim Talwirt in Hüttschlag, einem Ort mit guter Gastronomie, einer Nationalparkausstellung über das Leben im Wald und einem sehenswerten Talmuseum. Das Ziel ist die Modereggalm, 680 Höhenmeter weiter oben im Kar zwischen Plattenkogel (2272 m) und Mandlkopf (2439 m).

Vom Talwirt steigt der Weg entlang der Zufahrtstraße zunächst zum Pertillhof an, zu dem auch die Modereggalm gehört. Ab dem Pertillhof geht es dann entlang des Almtriebweges durch den Hofanger und weiter zu einem kleinen Wasserfall, wo der Weg das Bachbett überquert. Auf dem zweistündigen Alpweg, der sich durch den steilen Berghang aufwärtswindet, wechseln dann Lichtungen und Waldpassagen. Mit den Höhenmetern weitet sich auch der Blick in das Kreealmtal und in das Schödertal. Erst auf den letzten Metern vor der Modereggalm wechselt der Wald in Almweidegebiet.

Wer die Möglichkeit nutzt, diesen Weg bei einer Exkursion mit einem Nationalpark-Ranger zu gehen, wird vieles entdecken, was sonst vielleicht unbeachtet bliebe. In den niederen Hölzern sind Zaunkönig und Klappergrasmücke zu hören. Auch die Stimmen von Kohlmeise, Tannenmeise und Kleiber sind Wegbegleiter, und oftmals kann man diese Vogelarten auch sehen. Je nach Fortschreiten des Almsommers blühen

am Weg Türkenbundlilien, Alpenastern, Kohlröserl, Berghauswurz, verschiedene Enzianarten, Arnika und an bestimmten Plätzen im Almgebiet auch die seltene Karthäusernelke. Die Reise durch die Almflora ließe sich in dem beinahe unberührten Almgebiet schier endlos fortsetzen.

❧ Gehzeit: 2 Stunden, 680 Höhenmeter.

Modereggalm ❧ (1720 m)

An der Vorderseite des Almkares liegt auf einem verträumten Platz die Modereggalm. Versorgt wird die Almhütte mittels Materialseilbahn, da sie eine der wenigen im Land ohne Güterweg ist. Hütehund Rex begrüßt schwanzwedelnd jeden Ankommenden. Hühner gackern, der Almbrunnen plätschert, und hinter der

Hütte genießen zwei Schweine vor ihrem Stall den Sommer auf der Alm. Eine Idylle fernab der modernen Zivilisation.

Die Bergwelt ringsum bilden Spielkogel, Plattenkogel, Mandlkogel und Kreuzkogel. Der Keeskogel schließt das Großarltal ab und ist übrigens der einzige Berg im Tal mit einem Gletscher. Vom Weinschnabel schweift der Blick gegen Osten zu Schöderhorn, Klingspitze und Draugstein.

Der Altbauer Hias Aichhorn, der die Almhütte 1993 erbaute, und sein über 80-jähriger Schwager Lenz gehen der Sennerin Lisi Oebster zur Hand, die für ihre Wetzstoanudeln bekannt ist. Der Name stammt wohl von der Form der Speise, die der eines Wetzsteines gleicht, wie ihn die Bauern zum Sensenwetzen verwenden.

Information ⟶

Exkursionen im Nationalpark Hohe Tauern:

Nationalparkverwaltung +43 (0)6562 40849-33

Tourismusverband Großarltal +43 (0)6414 281-0

www.hohetauern.at

Modereggalm

Hüttschlag-See 11, 5612 Hüttschlag

Tel. +43 (0)6417 258

Bewirtschaftet von Mitte Juni bis Ende September

Wetzstoanudeln

Zutaten für ca. 25 Wetzstoanudeln ❧

(eignen sich auch zum Einfrieren)

600 g Mehl
40 g Germ
80 g Zucker
1 Schuss Rum (37 Vol.%)
1 Prise Salz
80 g Butter
3 Eidotter
gut 250 ml Milch
300 g Rosinen
Fett zum schwimmend Backen (am besten Butterschmalz mit Öl mischen)

Zubereitung ❧

Mehl, Salz und Zucker in einer Schüssel vermischen, in der Mitte eine Vertiefung machen, Germ einbröseln und etwas lauwarme Milch darübergießen (Dampfl). Das Dampfl an einem warmen Platz aufgehen lassen. Anschließend Rosinen, Eidotter und zerlassene Butter sowie die restliche Milch dazumischen. Nun kann die Masse zu einem glatten Teig verarbeitet werden, der gut durchgeschlagen wird. Anschließend an einem warmen Platz noch einmal aufgehen lassen. Ist der Teig aufgegangen, werden daraus 10–12 cm lange, gut fingerdicke Wetzstoanudeln geformt und in heißem Fett gebacken.

sprudelt der Forstaubach durch den Wald im Licht- und Schattenspiel der Sonne mit den Bäumen.

Im Forstauwinkl gibt es zwei Almen, auf denen es sich gut einkehren lässt: Die 250 Jahre alte Fallhausalm, welche mit einem schönen Blick zum Dachstein aufwartet. Nahe dieser Alm steht eine riesige, hohle Lärche, die auch als Kinderspielplatz und Fotomotiv recht begehrt ist. Die zweite Alm im Forstau-Winkl ist die gastliche Vögeialm. Hier beginnt auch die Wanderung zur Oberhütte.

Zwei Wege bieten sich für den Hüttenanstieg an. Über den breiten Almfahrtweg beträgt die Gehzeit eineinhalb Stunden. Der Weg entlang des ansteigenden Talbodens am Oberhüttenbach ist um 15 Minuten kürzer und auch idyllischer. Nahe dem Oberhütten-Sattel heißt es ruhig sein und gut schauen. Im gesamten Almbereich gibt es Murmeltiere, die bis nahe an die Oberhüttenalm kommen und während der Einkehr sogar von der Terrasse aus zu beobachten sind.

Der liebliche Ort Forstau liegt an der Landesgrenze zur Steiermark in einer Höhenlage von 923 Meter. Mit Stolz verweist man gerne auf die unterhalb der Pfarrkirche zum Heiligen Leonhard gelegene Lourdeskapelle aus dem späten 19. Jahrhundert. Die Besonderheit dieser Kapelle ist wohl darin zu sehen, dass der Altarraum mit Tropfsteinen aus Lourdes ausgestattet ist. An der Kapelle vorbei führt übrigens auch der Bachweg, an dem viel über Kräuter zu erfahren ist und eine Kneippanlage steht.

Von Forstau führt eine Zufahrtstraße elf Kilometer weit in das Forstautal (ab Winklhütte Schotterstraße). Schon dieser Weg in den Forstauwinkl ist ein Erlebnis für sich. Quirlig

Oberhütte ⚲

Die Oberhütte liegt in einem kleinen Dreiländereck und grenzt an den Lungau sowie an die

Steiermark. Eigentlich ist sie Alm und Schutzhütte zugleich. Die Milch wird zu Butter, Käse, Topfen und Joghurt verarbeitet. Die Wanderer kommen bei Topfenstrudel, Kasnocken, Kaiserschmarren und bei einer stärkenden Jause in deren Genuss. Daneben bieten Julia und Franz Oberkofler auch ein saftiges Schweinsbratl und saisonale Wildspezialitäten sowie andere Köstlichkeiten an. Besonders bekannt ist die Oberhüttenalm wegen der deftigen Kasnocken, die auf spezielle Art zubereitet werden. 35 Personen bietet die Oberhütte Platz zum Übernachten, wobei sie auch Etappenziel der Transalp-Biketour Salzburg-Hermagor-Adria ist.

Diesen Almboden zu beschreiben, macht besonderen Spaß. Die Flora beginnt im Frühling mit der Krokusblüte und dem Schusternagerl. Mit unzähligen Berganemonenblüten erfreut die Gegend in der Folge und mit dem ausklingenden Frühling kommt die Enzianblüte. Im beginnenden Sommer leuchtet der Almboden im Rot der Almrosen. Am Rundweg um den tiefgrünen Oberhüttensee spiegeln sich die umliegenden Berge und bieten großartige Fotomotive. Kühe, Ziegen, Esel und Hühner halten sich um die Hütte auf.

Hütte die Lungauer Kalkspitze (2471 m) und die Steirische Kalkspitze (2459 m), die in eineinhalb Stunden zu ersteigen sind.
Fantastisch ist auch die Wanderung vom Lungauer Weißpriachtal. Der zweieinhalbstündige Anstieg von der Granglerhütte führt durch Almlandschaft zum Oberhüttensattel mit dem Oberhüttensee. Auch vom Radstädter Tauern aus ist die Oberhütte erreichbar. Der Weg führt über das Seekarhaus und die Seekarscharte in diese zauberhafte Berglandschaft und erfordert eine Zeit von zwei Gehstunden.

❧ Gehzeit vom Forstauwinkl: 1,5 Stunden, 500 Höhenmeter.

Wandermöglichkeiten ❧

Über die Akarscharte (2315 m) zum Giglachsee mit der Giglachhütte führt eine zweistündige Steigbegehung. Dann locken direkt oberhalb der

Information ❧

Oberhütte, Franz und Julia Oberkofler

Götschenweg 8, 5500 Bischofshofen

Tel.: +43 (0)664 9169728

www.oberhuette.at

Bewirtschaftet von Mitte Juni bis Mitte Oktober

Kasnocken von der Oberhütte

Zutaten ✎

3 Eier
125 ml Wasser
200 g griffiges Mehl
200 g glattes Mehl
Muskatnuss nach Belieben
Salz und Pfeffer
je 250 g von 2 würzigen Käsesorten
1½ Zwiebeln
Öl

Zubereitung ✎

Eier, Wasser, Muskatnuss, Salz und Pfeffer
versprudeln. Mit dem Mehl vermengen und mit
dem Kochlöffel zu einem glatten Teig verrühren.
Mit dem Nockerlbrett oder Nockerlsieb den Teig
in kochendes Salzwasser eintropfen und nach
dem Aufkochen kalt abschwemmen.
Zwiebel feinwürfelig schneiden und goldgelb
rösten, Nockerl in die Pfanne dazugeben und
erst nach dem Erhitzen den kleinwürfelig
geschnittenen Käse untermengen.

Tipp ✎

Für eine gelungene Kasnockenkruste
(mundartlich: „Prinzn"):
Eine beschichtete Pfanne verwenden und nach
der Zugabe von Käse nur kurz mischen und
braten lassen, bis sich am Boden eine goldgelbe
Kruste bildet, dann umdrehen und mit der
zweiten Seite ebenso verfahren. Mit Röstzwiebeln
und Schnittlauch garnieren und mit Salat
servieren.

Hofalmen ♥ Filzmoos

Von Filzmoos gibt es mehrere Möglichkeiten, um zu den Hofalmen zu gelangen: über die Mautstraße mit dem Auto oder mit dem Rad, und wer es ganz romantisch liebt, mit der Pferdekutsche und dem originellen Fiakerwirt Georg Vierthaler. Überaus empfehlenswert ist auch der einstündige Wanderpfad von Filzmoos entlang der Warmen Mandling. Wegbegleiter sind neben dem leisen Rauschen des Wassers die Stimmen des Waldes, während der Blick zur Bischofsmütze die Augen und das Herz erfreut. Erlebniswandern ist also garantiert. Im letzten Drittel gabelt sich der Weg dann zu Unterhofalm und Oberhofalm. Beide Almen sind wegen der einzigartigen Lage im Filzmooser Talschluss Sommer wie Winter begehrte Ziele.

Die Hofalmen sind zudem Ausgangspunkt für abwechslungsreiche Wanderungen. In eineinhalb Stunden etwa geht es zur Hofpürglhütte unterhalb der Bischofsmütze, wo die Route an den Austriaweg anschließt. Weiters ist das ruhige Rinderfeld zu empfehlen, eine einsame, im Urzustand erhaltene Almlandschaft mit vielfältiger Almflora. Am Rinderfeld kann man dann weiter zur Sulzenschneid aufsteigen, wo der Windlegergrat mit dem mächtigen Torstein das Bild beherrscht. Von der Sulzenschneid führt der

Rundweg über den Sulzenhals zur Sulzenalm und weiter zum Ausgangspunkt bei den Hofalmen. Im Bereich der Sulzenalm liegen die Wallehenalm der Familie Rettenwender und die Krahlehenalm der Familie Haitzmann. Beide Hütten sind bewirtschaftet und bieten eine reiche Auswahl an Almschmankerln.

Unterhalb der Krahlehenalm liegt die Löckerwaldhütte, in deren Nähe der Steig zu den Hofalmen vom breiten Almweg abzweigt. Diese große Runde erfordert eine Gehzeit von 4–5 Stunden. Zauberhaft und romantisch ist der halbstündige Rundweg um den Almsee, der die Unterhofalm mit der Oberhofalm verbindet. Ein idyllischer kleiner See, in dem sich der Gosaustein, der Torstein und der Rötelstein spiegeln. Nette Sprüche auf Tafeln sind unterhaltsame Wegbegleiter.

🍂 Gehzeiten von Filzmoos zu den Hofalmen:
1 Stunde, 120 Höhenmeter.

Unterhofalm 🍂 (1280 m)

Erbaut wurde die Almhütte bereits im Jahr 1779,
bis in die 1970er-Jahre diente sie der Almwirtschaft.
1978 entstand durch die starke Frequentierung
von Naturliebhabern der Gastbetrieb Unterhofalm,
der von Michael und Gabi Schörghofer seither
erfolgreich bewirtschaftet wird. Mit den Jahren
wurde aus der Unterhofalm ein einladendes Haus
mit neun verschiedenen, im Almstil gehaltenen
Gaststuben, die so manch kuschelige Ecke
aufzuweisen haben. Wohin man schaut, strahlt
einem Gemütlichkeit entgegen. Traditionelles aus
der Almhüttenküche erfreut den Gaumen, darunter
Kasnocken, Fleischkrapfen, Unterhofalmkotelett,
Kaiserschmarren und Saisonales. Aus dem Angebot
sticht aber besonders das Salzburger Schnitzel
hervor.

Salzburger Schnitzel

Zutaten ✌

4 Rostbraten à 160 g

Fülle:
½ Zwiebel
100 g Schwammerl, klein
geschnitten
100 g Speck, fein geschnitten
100 g Käse, in kleinen Würfeln
Thymian, Majoran und Petersilie,
fein gehackt
Salz und Pfeffer
etwas Butter

Zum Panieren:
2 Eier
Mehl
Semmelbrösel

Information ✌

Unterhofalm

Michael und Gabi Schörghofer

5532 Filzmoos 66

Tel.: +43 (0)664 3566751

E-Mail: info@unterhofalm.at

www.unterhofalm.at

Die Hofalmen sind von Anfang Mai
bis Ende Oktober und von Anfang Dezember
bis Ostern bewirtschaftet

Zubereitung ✌

Die Zwiebel mit den Schwammerln und
dem Speck in Butter anschwitzen, die fein
gehackten Kräuter dazugeben, kalt stellen und
mit dem Käse vermischen.
Rostbraten klopfen, salzen, pfeffern und die
Fülle in die Mitte geben. Einschlagen und
mit Zahnstochern zusammenstecken. Nun
wird das so vorbereitete Salzburger Schnitzel
paniert und in Butterschmalz herausgebacken.
Dazu empfiehlt Wirt Michael Petersilerdäpfel
oder Erdäpfelsalat und Preiselbeermarmelade.

Oberhofalm ✍ (1268 m)

Wie die Unterhofalm so diente auch die Oberhofalm früher ausschließlich der Almwirtschaft, also um das Vieh auf der Sommerweide zu halten. Die Geschichte der Oberhofalm reicht zurück bis in das Jahr 1665. Bereits 1950 wurde mit dem beginnenden Tourismus um eine Schutzhüttenkonzession angesucht. Der steigende Besuch erforderte immer wieder Verbesserungen, wobei aber streng darauf geachtet wurde, den Almhüttencharakter zu erhalten.

Über Jahrzehnte waren die Bauersleute Christian und Hanni Salchegger vom Oberhofgut in Filzmoos selbst um die Bewirtschaftung des Gastbetriebes bemüht. Seit Herbst 2006 bewirtschaften Harry Habersatter und Monika Knaus die Oberhofalm, wobei Harry selbst in der Küche steht und den Gästen viele kreative Ideen

auf die Teller zaubert. Neben Wildgerichten, Beuschel und im Herbst Lammbraten, welcher bei den Einheimischen „Schöpsernes" genannt wird, steht viel Abwechslungsreiches auf der Speisekarte. Seinem Ideenreichtum sind auch die Eierschwammerlkrapferl mit Süßkraut zu verdanken.

Information ✍

Oberhofalm, Monika Knaus

5532 Filzmoos

Tel.: +43 (0)664 5146460

E-Mail: filzmoos@oberhofalm.at

www.oberhofalm.at

Eierschwammerlkrapferl mit Süßkraut

Zutaten ✏

Fülle:
250 g Frischkäse
250 g gekochte, gepresste Erdäpfel
1 Zwiebel, fein gehackt
1 Knoblauchzehe, fein gehackt
Petersilie, Schnittlauch
Salz, Pfeffer, Butter
300 g geschnittene Eierschwammerl

Teig:
250 g Roggenmehl
150 g Weizenmehl
250 ml Milch
50 g Butter
Salz und gemahlener Kümmel

Zubereitung Fülle ✏

Zwiebel, Knoblauch und Eierschwammerl in Butter anschwitzen. Dann die Eierschwammerl in einem Sieb abtropfen und auskühlen lassen. In der Zwischenzeit Frischkäse und gepresste Erdäpfel mit den Kräutern und Gewürzen vermengen. Anschließend alles vermischen.

Zubereitung Teig ✏

Milch und Butter erhitzen, über die restlichen vermischten Zutaten gießen und zu einem geschmeidigen Teig verarbeiten. Teig ausrollen und in Quadrate schneiden. Je einen Löffel Fülle in die Mitte setzen und diagonal zwei Ecken zusammenschlagen. Zudrücken, halbrund ausschneiden und in heißem Butterschmalz backen.

Süßkraut ✏

1 Kopf Weißkraut, gewürfelt
zwei mittelgroße Zwiebel
250 ml Weißwein
500 ml Rindsuppe
80 g Butter
Kümmel, Salz, Zucker

Zubereitung ✏

Zwiebel in Butter anschwitzen, das geschnittene Kraut dazugeben und ein wenig anziehen lassen. Dann mit Zucker karamellisieren und mit Salz und Kümmel würzen. Mit Weißwein ablöschen, mit Rindsuppe aufgießen und weich dünsten.

Naturpark Riedingtal

Bei der Schliereralm der Familie Dorfer nimmt schließlich das Erlebnis Naturpark seinen Anfang. Zunächst gilt es aber, Informationen über dieses einzigartige Naturjuwel beim Naturparkhaus neben der Schliereralm einzuholen.

Rund um den Schlierersee informiert ein Themenweg über Geschichte, Almen, Biotope sowie über Wild und Wildtiere im Riedingtal. Am Wendepunkt des Rundweges bietet eine idyllische Hubertuskapelle aus Zirbenholz einen Ort für innere Einkehr. Die Gehzeit um den See beträgt eine Stunde.

Nach einer Stärkung bei der Schliereralm-Resi, die neben Lungauer Fleischkrapfen vielerlei Köstliches anzubieten hat, geht es von Alm zu Alm taleinwärts.

Direkt am Weg liegt als nächste Hütte die Gruberalm, die allein schon wegen der „Hasenöhrl mit Sauerkraut" einen Besuch wert. Vorbei an der Hoisalm und Ilgalm geht es weiter zum Gasthof Königalm. Kurz davor liegt ein kleiner Teich mit interessanten Wurzelstöcken, die in Verbindung mit dem Wasser beliebte Fotomotive ergeben.

Auf der Königalm überrascht Hüttenwirt und Koch Robert Bartlogg mit Gerichten wie Vollkorn-Topfennudeln mit Preiselbeerschaum. Bis hierher verkehrt auch der Lungauer Tälerbus.

Die Zufahrt in das Riedingtal erfolgt direkt von der Tauernautobahnabfahrt Zederhaus. Oberhalb des Tauerntunnelportals ist eine Mautgebühr zu entrichten. Von der Mautstelle kann dann noch bis zur Schliereralm am Schlierersee zugefahren werden. Unterwegs sollte man am Parkplatz Hundsbühel anhalten, um wenige Schritte neben der Straße auf einer Aussichtsplattform den Blick zu den Brünnwaldquellen zu genießen, die direkt aus dem Berg sprudeln und als Wasserfall über die Wand stürzen.

Nahe dem Tauerntunnelportal beginnt ein schöner einstündiger Heilpflanzenlehrweg, welcher nahe des Riedingbaches und später durch Waldpassagen und unter Felswänden taleinwärts führt.

Nur zehn Gehminuten nach der Königalm liegt die Zauneralm (1733 m) am Weg. Wiederum kurz dahinter öffnet sich ein weiter, flacher Almboden, welcher zwischen der Zauneralm und der Örgenhiasalm in ein riesiges Biotop übergeht, durch das sich der Riedingbach schlängelt. Hier blüht das Wollgras, dazwischen leuchten gelb die Sumpfdotterblumen und wie violette Kerzen steht an vielen Stellen das Gefleckte Knabenkraut. Die schönste Blütezeit ist Anfang Juli, wenn die Almhänge im Rot der Almrosen leuchten. Aber auch zur Enzianblüte im Frühling lohnt sich eine Wanderung durch den Naturpark Riedingtal. Die hinterste bewirtschaftete Alm im Talkessel zwischen Wurmkogel und Reicheschkogel ist dann die Örgenhiasalm. Wer Ruhe und Erholung sucht,

dessen Gemüt wird hier von den Stimmen des Almbodens gestreichelt.

Zauneralm ☙ (1670 m)

Die Vorfahren der Familie Kremser besaßen den zum Hof gehörenden „Einfang im Hinterrieding" bereits im 16. Jahrhundert. Nach einer wechselvollen Geschichte übernahm Familie Kremser das Gut und die Zauneralm im Jahr 1932 erneut. Der heutige Zaunerbauer Willibald Kremser war schon mit einer Sennerin im Jahr 1972 als Halterbua (Hüterbub) mit auf der Alm. Als Willibald schließlich in die Lehre ging und die Sennerin wegen ihres Alters die Arbeit nicht mehr schaffte, endete die Jahrhunderte andauernde Bewirtschaftung der Zauneralm. Somit

war die alte Almhütte dem Verfall preisgegeben. 1992 bauten Willibald und Adelheid mit viel Liebe die Alm wieder auf, wodurch die Almgeschichte ihre Fortsetzung findet. Überdies entdeckten die Almleute ihre Liebe zur Natur und den Heilkräutern und nützen seitdem Gottes reichhaltige Apotheke. Heidi sagt von sich, sie empfinde wie ihre Kühe. Im Frühling könne sie die Almzeit kaum erwarten, und im Herbst gehe sie gerne wieder heim. Sie ist eine sympatische „Kräuterhex'", deren Safterl, Salben und Tinkturen schon viele Leiden lindern konnten.

Ihr natürliches Wesen ist herzerfrischend, und ihre Almprodukte sind köstlich. Almkräuter verkocht sie zu Kräuterknödeln. Wer auf eine Lungauer Alm kommt, sollte nicht versäumen, das Lungauer Rahmkoch zu probieren. Vielerorts wird diese Süßspeise auch „Arme Leut' Marzipan" genannt, was aber den reichlich guten und natürlichen Zutaten nicht gerecht wird.

❧ Gehzeit: Schliereralm – Zauneralm 1½ Stunden, 670 Höhenmeter.

Lungauer Rahmkoch

Zutaten ❧

750 g Butter
350 g Zucker
500 ml Schlagobers
1 kg Mehl
etwas Salz
1 Schuss Rum
1 Handvoll Korinthen
1 TL Anis
1 TL Zimt

Zubereitung ❧

Die Butter in einer Pfanne zergehen lassen. Inzwischen das leicht gesalzene Mehl langsam händisch mit dem Rahm abbröseln und in die zerlassene Butter geben. Während des Kochens auf mittlerer Hitze ständig rühren, bis sich die Masse vom Pfannenrand löst. Nun kommen der Zucker, die Korinthen, Rum und Anis sowie Zimt dazu. Wiederum so lange durchrühren, bis sich der Zucker in der Masse aufgelöst hat.
Zuletzt wird die Masse in eine mit Bratfolie ausgelegte Rehrückenform gedrückt und im Kühlschrank kaltgestellt. In kleine Scheiben geschnitten servieren.

Diese Süßspeise ist die reinste Kalorienbombe, aber der Gaumen wird sich über alle Maßen darüber freuen.

Information ❧

Zauneralm
Willibald und Heidi Kremser
Dorf 17, 5584 Zederhaus
Tel.: +43 (0)650 6478279
E-Mail: zauneralm@aon.at
www.zauneralm.at.tf
Bewirtschaftet von Anfang Juni
bis Mitte September

Weißpriachtal

Schon die Anfahrt von Mariapfarr zum Ausgangspunkt bei der Diktlerhütte ist ein Erlebnis. Kurz vor Weißpriach steht leicht erhöht die Kirche St. Rupert. Sie ist eine der ältesten Kirchen im Land Salzburg und beherbergt Fresken aus dem 11. und 12. Jahrhundert. Sehenswert ist auch der jahrhundertealte Fuchsenhof neben der Kirche mit dem typischen Lungauer Troadkasten.

Große Teile des Tales sind Feuchtgebiete, durch die die Lonka, wie der Weißpriachbach auch genannt wird, mäandriert.

Zwischen Weißpriach und der Diktlerhütte liegt an der rechten Talseite der Bichlhof von Matthias Gappmayr, der für seine kniffeligen Holzspiele bekannt ist, die er in seiner Werkstätte herstellt. Spätestens am Parkplatz nahe der Diktlerhütte sollte dann die Talwanderung beginnen

(Weiterfahrt gegen Mautgebühr bei einem automatischen Schranken möglich).

Wer sich vor der Wanderung noch stärken möchte, findet in der Diktlerhütte (geöffnet von Mittwoch bis Sonntag) eine gemütliche Einkehr.

Ab hier steigt der Weg bis zum Lahntörl an, wo sich ein zauberhaftes Hochtal öffnet und die Lonka als sanftes Wasser durch den Almboden fließt. Nach einer weiteren biotopen Landschaft ist der Eingang in das Znachtal zu sehen. Unser Weg führt aber vorbei an der Dorferhütte zurück zur Granglerhütte in 1350 Meter Höhe.

Granglerhütte ❧ (1320 m)

Die Granglerhütte bezaubert zunächst mit ihrem Erscheinungsbild. Sorgfältig an die Wand gestaffeltes Brennholz, ein altes Bett als Kräuterbeet, ein alter Kinderwagen, in dem Blumen blühen, und viele andere blumengeschmückte Gegenstände erfreuen das Gemüt. Ein großer Spielplatz, ein Felsen mit einem Kreuz und eine riesige Fichte als Schattenspender für die Bänke darunter finden sich rund um die Hütte.

So lieblich die Umgebung der Hütte ist, so originell ist das Innere. Mitten im Gastzimmer

Information ໑

Granglerhütte

Elisabeth und Emmerich Bergmann

Kreuzen 384, 5571 Mariapfarr

Tel.: +43 (0)664 6353715

E-Mail: info@hausbergmann.at

www.hausbergmann.at

Bewirtschaftet von Mitte Mai

bis Ende Oktober

plätschert ein Brunnen und an kalten Tagen wärmt ein Kachelofen die heimelige Stube. Bewirtschaftet wird die „herzige" Almhütte von Elisabeth und Emmerich Bergmann, denen Tochter Verena fleißig zur Hand geht. Bauerntopf, Schwammerlgulasch und Topfenstrudel lachen von der Speisekarte, ebenso wie das beliebte Blunzngröstl. Die Granglerhütte bietet Schlafplatz für 25 Personen.

໑ Gehzeit von der Diktlerhütte: 1 Stunde, 230 Höhenmeter.

Blunzengröstl auf Granglerhütten Art

Zutaten ✑

3 große Lungauer Eachtling (Kartoffeln)
250 g Blutwurst
½ Zwiebel
1 Ei
Salz, Pfeffer und etwas Öl
Schnittlauch zum Garnieren

Zubereitung ✑

Die Kartoffeln kochen, schälen, in
Scheiben schneiden und mit etwas Öl
gut anbraten.
Die Blutwurst würfelig schneiden
und mit den Kartoffeln in der Pfanne
weiterbraten. (Bei fetter Blutwurst nach dem
Anbraten abseihen, damit das Gröstl nicht zu fett
wird.)
Nun die Zwiebel anschwitzen und unter das
Gröstl mischen. Nach Geschmack salzen und

pfeffern
und zum Schluss noch ein
versprudeltes Ei einrühren. Einige Male wenden
und mit Schnittlauch garniert in der Pfanne
servieren.

Zur guten Verdauung empfiehlt
sich hinterher ein g'schmackiges
Hüttenschnapserl.

Über Göriach und Hintergöriach führt die Zufahrt zum Ausgangspunkt unserer Wanderung bis kurz vor das Göriacher Hüttendorf. Dieses Almhüttenensemble ist einzigartig im ganzen Land. Es besteht aus neun Almhütten mit Wirtschaftsgebäuden und gehört neun Besitzern. Der ursprüngliche Name lautet „Zugriegelalm". Touristisch bewirtschaftet ist von diesen Almhütten nur die Hansalhütte, in der Sennerin Hilde Wirnsperger mit einer guten Jause, mit Rahmkoch, Krapfen und Hüttentopf für das leibliche Wohl der Gäste sorgt.

Von der Zugriegelalm geht es zunächst einmal flach durch den Lärchenwald. Von Weitem ist schon der schäumende Wasserfall des Göriachbaches zu sehen, dessen Verlauf entlang der Weg in einigen Kehren zur Oberen Zugriegelalm ansteigt. Bei der ersten Hütte an der Talkante, der Schöberlhütte, öffnet sich der Blick talauswärts, und am Hochgolling ist sogar das Gipfelkreuz zu erkennen. Nach dem ersten Drittel wird der Weg etwas flacher und es geht durch den sogenannten Hagel, eine recht steinige Landschaft. Auf diesem Wegstück steigt die Bewunderung für den Hüttenwirt der Landawirseehütte, da man sich kaum vorstellen kann,

dass über diesen bachbettartigen Weg die Hütte versorgt werden kann.

Nach der Überquerung des Göriachbaches geht es seitlich des Feldbodens bergwärts. Eingerahmt wird dieser Boden von Zwerfenberg, Samspitze, Bittrach und Hohem Wagen, Bergen der Schladminger Tauern mit einer Höhe zwischen 2400 und 2700 Meter.

Das letzte Wegdrittel steigt von der Abzweigung des Gollingschartensteiges zum Tor an, einer Felsnase, um die der Weg mit Tiefblick führt. Dann ist auch schon das Kar der Landawirseen erreicht, in dessen Mitte die Landawirseehütte steht, bei der man nach zwei Stunden und 600 Höhenmetern angelangt ist.

Nur zehn Minuten von der Hütte entfernt liegt der Untere Landawirsee – ein tiefgrüner Bergsee, dessen Oberfläche geradezu strahlt. Am See vorbei

steigt ein Weg über 50 Höhenmeter zum Oberen Landawirsee an, der ebenfalls an einem zauberhaften Platz liegt, welchen das Bretterkar einrahmt.
Die Landawirseehütte ist Ausgangspunkt zahlreicher beeindruckender Bergtouren. Zum Beispiel kann man hier einen Teil des Tauernhöhenwegs zur Kainprechthütte in zweieinhalb Stunden gehen. Zur Gollinghütte über die Gollingscharte dauert es drei Stunden, mit Hochgollingbesteigung sechs. Als Gipfelziele bieten sich Pietrach in zweieinhalb Stunden, die Samspitze in 50 Minuten und die Krautgartenscharte in 35 Minuten an. Auch Zwerfenberg, Scharnock, Rotsandspitze und Hoher Wagen sind Ziele, die bei einem längeren Aufenthalt in dieser fantastischen Bergwelt keine Gipfelnot aufkommen lassen.

Je nach Fortschreiten des Sommers blühen Enzian, Almrausch, Türkenbundlilie, Speik, und natürlich zeigt sich auch das Edelweiß in seiner Pracht.
Mit etwas Glück können Murmeltiere, Adler und Steinböcke gesichtet werden.

❧ Gehzeit: 2 Stunden, 600 Höhenmeter.

Landawirseehütte ❧ (1985 m)

Die Landawirseehütte, seit 1998 geführt von Gerald und Daniela Zehner, ist eine Alpenvereinshütte, die nur unter schwierigen Bedingungen zu bewirtschaften ist. Die schlechte Zufahrt erfordert viel Gefühl und Zeit. Dennoch ist die Hütte in einem perfekten Zustand und strahlt jene Atmosphäre aus,

die einer guten Schutzhütte zu eigen ist. In der Hütte ist Platz für 55 Personen in Zimmern und Lagern. Neue Toiletten, Duschen und Waschräume sorgen für einen angenehmen Komfort. Für den Aufenthalt gelten die Bestimmungen des Österreichischen Alpenvereins, was unter anderem eine Hüttenruhe um 23 Uhr voraussetzt.

Der Hüttenwirt Geri ist von Berufs wegen Koch, was sich natürlich im Speisenangebot niederschlägt: schmackhafte Suppen wie Fleischknödelsuppe und Würstelsuppe, Kasnocken, verschiedene Gröstl, Bauernbratwurst, Schnitzel, Spaghetti, Heidelbeerschmarren, herrliche Brettljausen und für die Nächtigungsgäste ein spezielles Bergsteigeressen wie etwa das Blutwurstschnitzel.

Information ❧

Landawirseehütte, Gerald Zehner

5574 Göriach 73

Tel.: +43 (0) 676 7785375

E-Mail: gerald.zehner@aon.at

www.landawirseehuette.at

Bewirtschaftet von Mitte Juni

bis Anfang Oktober

Blutwurstschnitzel

Zutaten für 4 Personen ❧

200 g Blutwurst
8 Scheiben Karreespeck
½ Zwiebel
Petersilie, Salz, Pfeffer, Knoblauch,
Thymian, Majoran
4 Scheiben Schweinerücken à 170 g
Semmelbrösel, Mehl, Eier,
Kürbiskerne und Kürbisschrot für
die Panier
Öl zum Backen

Zubereitung ❧

Für die Fülle die Blutwurst mit
dem Speck, der Zwiebel, der
Petersilie und den Gewürzen in
einer Pfanne anschwitzen.
Das Fleisch klopfen und mit Salz und Pfeffer
würzen. Die Fülle auf das Fleisch setzen und mit
dem Fleisch einschlagen. Mit zwei Zahnstochern
zusammenstecken. Anschließend wird es wie
ein Schnitzel paniert, aber unter Zugabe von
Kürbiskernen und Kürbisschrot, und in der
Pfanne in heißem Fett gebacken.

Tennengau

St. Martin am Tennengebirge

St. Martin gehört eigentlich zum Pongau, doch wird der Ort stets in einem Atemzug mit der Region Lammertal und der Genussregion Tennengau genannt. Am nordseitigen Ortsende von St. Martin am Tennengebirge zweigt die Zufahrt zum Parkplatz der Karalm ab und führt über den Harreith-Güterweg zum Oberharreith-hof. Nur wenig oberhalb des Hofes befindet sich vor einem Schranken ein Parkplatz, auf dem wir unser Auto abstellen.

Gleich bei der ersten Kehre kann man vom Güterweg abweichen und über einen Steig bis zum Jagahäusl durch den Wald aufsteigen.

Oberhalb vom Jagahäusl bietet sich ein 20-minütiger Abstecher hinüber zur bewirtschafteten Schöberlalm der Familie Lindmoser an. Selbst erzeugte Spezialitäten vom eigenen Zimmerebengut wie Leberwurst, Blutwurst, Speck, Graukäse und

bunte Aufstriche stehen hier auf der Speisekarte. Nach diesem Almbesuch geht es wieder zurück an den Güterweg und weiter zur Karalm, wo schon bald ein idyllisches Almkreuz auf dem Höheneggkopf Almromantik und Bergandacht vermittelt. Errichtet hat dieses Kreuz Familie Steiner als Dank dafür, dass beim Brand der Karalm 2006 keine Menschen zu Schaden gekommen sind. Wer sich auf den Bänken für eine Rast niederlässt, kann von hier die umliegende Bergwelt betrachten, wo der Blick vom Gosaukamm mit seiner Bischofsmütze über den Dachstein bis hin zu den Niederen Tauern reicht und das Tennengebirge seine Mächtigkeit zeigt. Nur wenig unterhalb des Höheneggkopfes liegt zu Füßen des Korein die Karalm auf 1438 Meter Höhe.

Eine weitere Anstiegsmöglichkeit über den Weg Nr. 403 zweigt schon kurz vor dem Unterharreithhof nach der Weggabelung Oberharreith-Buttermilchalm ab und führt über 400 Höhenmeter in eineinviertel Stunden zur Karalm.

Für den Rückweg empfiehlt sich der Weg entlang eines schönen Lärchenhanges hinüber zur Ostermaisalm (nicht bewirtschaftet) und von dort im Abstieg nach St. Martin. Eine große Runde führt zum Hausberg von St. Martin, dem Ostermaisspitz, und weiter zur Koreinhöhe und zum

Korein. Von diesem 1850 Meter hohen Grasberg
führt die Runde weiter über die unbewirtschaftete
Koreinalm zur Karalm oder direkt von der
Koreinalm nach St. Martin.
Empfehlenswert ist vom Korein auch der Höhenweg
hinüber zum Frommerkogel, wo sich zahlreiche
Wege treffen. Dieses sanfte Wandergebiet mit
seiner Vielfalt in Flora und Fauna wird jeden
Naturliebhaber begeistern. Schönwetter sollte
allerdings bei so langen Touren Voraussetzung sein.

✌ Gehzeit vom Oberharreithhof: 1 Stunde,
250 Höhenmeter.

Karalm ✌ (1438 m)

Die Karalm in St. Martin am Tennengebirge kam
im Jahr 1961 in den Besitz der Familie Steiner vom
Wenghofgut in Radstadt. Ein Großbrand vernichtete
im Juli 2006 die alte Hütte zur Gänze. Innerhalb
von 6 Monaten wurden die neue Hütte und der Stall
komplett neu gebaut und im Mai 2007 wieder in
Betrieb genommen. Heute gibt es in der Almhütte
eine geräumige Gaststube mit ansprechenden
Wandschonern und einem Kachelofen für
gemütliche Stunden. Immer am ersten Sonntag im
September findet eine volksmusikalische „Almroas"
statt, die insgesamt vier Almen auf einem schönen

Rundweg erklingen lässt (Buttermilchalm, Karalm, Schöberlalm und die Spießalm).
Aber auch den Sommer über trifft man hier immer wieder auf musikalische Almwanderer, die mit der almeigenen Knopfharmonika aufspielen oder mit der Sennerin Silvia ein Almlied anstimmen.
Wanderer dürfen sich auf verschiedene Suppen, Kaiserschmarren und Brettljause mit Almprodukten und Köstlichkeiten vom Hof freuen. Besonders beliebt und bekannt sind die täglich frisch zubereiteten Bauernkrapfen.

Information ❧

Karalm, Familie Steiner

Wenghofweg 4, 5550 Radstadt

Tel.: +43 (0)6452 4383

E-Mail: info@wenghof.at

www.karalm-stmartin.at

Bewirtschaftet von Ende Mai

bis Anfang Oktober

Bauernkrapfen nach Art der Sennerin Silvia

Zutaten für 10–15 Krapfen ❧

1 kg doppelgriffiges Mehl
1 Würfel Germ
70 g Zucker
1 Prise Salz
3 Eier
500 ml Milch
70 g Butter
Öl zum Herausbacken

Zubereitung ❧

Mehl in einer großen Schüssel mit Zucker und Salz vermengen. Eine kleine Mulde machen und darin das Dampfl anrichten (Germ in ein wenig warmem Wasser auflösen und mit dem Mehl zuschütten). An einem warmen Ort gehen lassen.

Wenn das Mehl Risse bekommt, Milch und Butter leicht erwärmen und die Eier unterrühren. Dann mit dem Mehl vermischen und kräftig zu einem glatten Teig schlagen. Erneut an einem warmen Platz aufgehen lassen. Nach etwa einer halben Stunde hat der Teig das doppelte Volumen erreicht und kann zu Krapfen geformt werden. Die Kunst des Bauernkrapfenformens liegt in der Teigmenge. Mit der Teigspachtel kleine Portionen abstechen, mit den Händen zu runden Ballen formen und zugedeckt wieder aufgehen lassen.

Nach etwa 10 Minuten werden aus den Ballen die Krapfen von der Mitte aus gezogen, bis eine schöne Mulde entsteht. Währenddessen das Öl erhitzen, damit die Köstlichkeiten schwimmend goldgelb gebacken werden können. Wahlweise können die Bauernkrapfen auf der Karalm mit Marillen- oder Preiselbeermarmelade bestellt werden. Auch als Honigkrapfen schmecken sie hervorragend.

Annaberg

Annaberg und die umliegende Region zeichnen sich durch die breite Vielfalt an Wandermöglichkeiten aus. Abwechslungsreiche Touren führen durch Wald über Almen und bis ins Hochgebirge. Das Ziel unserer kulinarischen Wanderung ist die Rottenhofhütte. Die Zufahrt führt vom Astauwinkel bei Annaberg zunächst in Richtung Winterstellgut und zweigt etwa 300 Meter nach der Winterstellgut-Weggabelung rechts ab zum Koreithof. Hier beginnt die Wanderung entlang des breiten Almweges der gleich in den Bergwald führt. In 1350 Meter Höhe ist die Waldgrenze erreicht und der Donnerkogel (2055 m) beherrscht das weitläufige Almgebiet. Nun wird der Weg flach und es geht entlang blühender Weiden zum Ziel. Tennengebirge, Hoher Göll, Untersberg, die Osterhorngruppe und das Postalmgebiet liegen hier im Blickfeld.

Wandermöglichkeiten ✿

Ein wunderschöner Höhenweg führt auch von der Bergstation der Rußbacher Hornbahn über die Edtalm und Zwieselalm in zweieinhalb Stunden ins Riedlkar.
Auf trittsichere Gipfelstürmer wartet eine Besteigung des Donnerkogel (2055 m) in zweieinhalb Stunden und für Kletterer bietet sich der Donnerkogel-Klettersteig an. Der Austriaweg, der den Gosaukamm umrundet, ist vom Riedlkar in einer Dreiviertelstunde zu erreichen. Der Weg entlang des Gosaukamms in einer Höhenlage um die 1500 Meter kann entweder in Richtung Gosau begangen werden oder über die Stuhlalm und Sulzkaralm zur Hofpürglhütte. Zu dieser Hütte sind fünf Gehstunden berechnet, die komplette Gosaukammumrundung ist mit acht Stunden angeschrieben, wobei Trittsicherheit und gute Kondition Voraussetzung sind. Als weiteres, leichtes Wanderziel geht es vom Riedlkar in nur einer halben Stunde zur bewirtschafteten Zwieselalm auf 1436 Meter. Wer es ganz bequem haben möchte, kann Dienstag und Freitag mit der Annaberger Zwieselalmbahn auffahren und in 10 Minuten zur Rottenhofhütte absteigen.

In einer Stunde ist auch die Zwieselalmhöhe zu erreichen, wo der Blick zu Großglockner, Wiesbachhorn und Sonnblick reicht und überdies Gosaugletscher, Gosausee und Dachstein zu sehen sind.

Von Gosau ausgehend gibt es im Sommer jeden Mittwoch ab neun Uhr eine sogenannte „Kasroas". Dabei geht es mit der Gosaukammbahn auf die Gablonzerhütte und über die bewirtschaftete Zwieselalm ins Riedlkar. Unterwegs locken eine Käseverkostung und gemütliche Almeinkehr auf der Rottenhofhütte. Durch das Riedlkar führt auch der St.-Rupert-Pilgerweg von St. Gilgen bis zum Rupertuskreuz nach Bischofshofen.

❧ Gehzeit zur Rottenhofhütte: 1¼ Stunden, 380 Höhenmeter.

Rottenhofhütte ❧ (1390 m)

Die Rottenhofhütte wird von Familie Hirscher vom Rottenhof bewirtschaftet. Sennerin ist die Hoftochter Magdalena. Die anfallende Milch wird auf der Alm verarbeitet und gegen Anmeldung ist sogar das „Kasn" live zu erleben.

Seit 400 Jahren steht die alte Hütte bereits und ist seither durchgängig im Besitz des Rottenhofes, der überdies die Auszeichnung „Erbhof" als über 200-jähriger Familienbesitz von der Salzburger Landesregierung verliehen bekam. An diese Zeit erinnert noch die alte, gut erhaltene Rauchkuchl. 1982 wurde das Riedlkar als Winterskigebiet erschlossen. Dadurch wurde ein Ausbau notwendig, damit die Hütte auch als Skihütte betrieben werden konnte. 2007 stand eine Erweiterung an, seither bietet die Hütte Übernachtungsmöglichkeiten für

Information ✍

Rottenhofhütte, Familie Hirscher

Braunötzhof 12, 5524 Annaberg

Tel.: +43 (0) 664 1454201

E-Mail: info@riedlkarsommer.at

www.rottenhofhuette.at

Geöffnet von Ende Mai bis Mitte Oktober.

Anmeldung zur „Kasroas" bei Bettina Jehle

in Gosau unter Tel.: +43 (0) 650 6366177

30 Personen (Anmeldung erforderlich). Hausbrot, Bratwurst mit Sauerkraut, verschiedene Suppen oder Almsalat mit Frischkäse stehen neben anderen Schmankerln auf der Speisekarte. Gegen Voranmeldung kocht Magdalena ihre berühmten Almererknödel, wie sie kaum woanders zu bekommen sind. In der Suppe oder mit Sauerkraut sind sie eine deftige Spezialität.

Almererknödel

Zutaten ❧

500 g Knödelbrot
½ Zwiebel
200 g Bauchspeck, würfelig geschnitten
150 g Bergkäse, würfelig geschnitten
1 TL Bärlauchpesto
4 Eier
ca. 250 ml Milch (nach Gefühl)
Salz und Pfeffer

Zubereitung ❧

Zwiebel und Speckwürfel in etwas Öl anrösten und mit der Milch ablöschen. Knödelbrot mit Bergkäse und Bärlauchpesto vermischen und mit Salz und Pfeffer würzen.
Das Zwiebel-Speck-Milchgemisch dazugeben und die Eier in die Teigmasse schlagen. Gut durchmengen und zu Knödeln formen. Zehn Minuten in Salzwasser kochen.
Auf Sauerkraut oder in der Rindsuppe servieren.

Der Ausgangspunkt im Abtenauer Ortsteil Au liegt zu Füßen des Arlstein, eingerahmt von den steil abfallenden Felswänden der Nordseite des Tennengebirges. Dieser wunderbare Talschluss hat einiges an Sehenswürdigkeiten zu bieten wie das Heimatmuseum Arlerhof mit interessanten Objekten aus dem bäuerlichen Leben und dem dazugehörigen Handwerk.

Von diesem Ortsteil Au lohnt auch ein eineinhalbstündiger Rundweg zum Dachserfall und Tricklfall. Das Besondere an diesen Wasserfällen ist der Umstand, dass der mächtige Tennengebirgsstock gegen Norden entwässert, und so stürzen direkt aus großen Höhlen enorme Wassermengen zu Tal.

Von Au führt der Weg zur Rocheralm zunächst zum Weiler Unterberg und weiter in den Winkl zum Burkharthof, wo begrenzte Parkmöglichkeit besteht. Nach diesem letzten Gehöft geht es entweder über den Forstweg in einer Stunde zur Rocheralm oder auf einem Steig durch den Mischwald zur Seitenalm und weiter über den Hochsattel zur Rocheralm. Die Gehzeit für diesen Weg beträgt eineinhalb Stunden.

Das Bemerkenswerteste an der Seitenalm ist der Umstand, dass Hans und Maridi sie trotz ihres fortgeschrittenen Alters noch immer mit Leidenschaft bewirtschaften und stets für ein gemütliches Plauscherl zu haben sind.

Für jene, die nicht so gut zu Fuß sind, besteht die Möglichkeit, von Voglau über den Güterweg Grillseiten zum Hochsattel und weiter zum Parkplatz der Rocheralm zuzufahren, womit sich der Weg zur Alm auf einen Spaziergang von 10 Minuten verkürzt. Am Hochsattel lädt eine kleine Kapelle zum Innehalten ein. Überdies startet hier der dreistündige Rundweg um den Flichtlhofberg.

Nicht verabsäumt werden sollte des Weiteren der 20-minütige Anstieg von der Rocheralm zur Rocheralmhöhe, wo es einen herrlichen Blick in die Osterhorngruppe und zu Gosaukamm,

Bischofsmütze und Dachstein gibt. Mächtig erheben sich an diesem Platz die Tennengebirgsgipfel von Schober, Traunstein, Tagweide, Breitstein und der spitzen Wieswand.

Rocheralm ⤸ (1078 m)

Die Einkehr bei Maria und Sepp Quehenberger ist ein weiteres Erlebnis auf der Wanderung. Die Rocheralm wird seit Generationen als landwirtschaftliche Alm geführt. Neu erbaut wurde die Almhütte im Jahr 2002 und bietet seit 2006 neben 25 Nächtigungsmöglichkeiten auch einen Seminarraum, der für kleine Feste geeignet ist.

Hofeigene Produkte aus der Bio-Landwirtschaft und der Almkäse aus der „Genuss Region Tennengau" garantieren zudem eine schmackhafte Almjause. Unter dem Motto: „Regional, frisch und besonders schmackhaft" serviert Sennerin Maria Schmankerl wie Fleischsuppe, Knödelvariationen und Pofesen. Ein besonderer Tipp unter Freunden der Rocheralm ist das Almfrühstück vor der Hütte. Von den verschiedenen Knödeln machen besonders die Lärchenknödel neugierig.

⤸ Gehzeit: vom Burkharthof über Forstweg 1 Stunde, über Seitenalm 1,5 Stunden und 300 Höhenmeter.

Lärchenknödel

Zutaten für 10 Knödel ↝

1 kg Knödelbrot
800 g geselchtes Rindfleisch
3 Zwiebeln
Petersilie
Salz und Pfeffer
Majoran
8 Eier
1 l geselchte Suppe (am besten die
Suppe vom geselchten Rindfleisch)
80 g Butter
Butterschmalz zum Herausbacken

Information ↝

Rocheralm

Maria und Sepp Quehenberger

Unterberg 20, 5441 Abtenau

Tel.: +43 (0)664 4311110

E-Mail: huette@rocheralm.at

www.rocheralm.at

Bewirtschaftet von Mitte Mai

bis 26. Oktober

Zubereitung ↝

Das geselchte Rindfleisch eine Stunde lang
kochen, dann das Fleisch auskühlen lassen und
klein schneiden. Zwiebeln in Butter anschwitzen,
über das gesalzene Knödelbrot geben und mit
der geselchten Suppe übergießen. Eier und
Gewürze untermischen und mit der Hand zu
einem mittelfesten Knödelteig verarbeiten. Zehn
Minuten ziehen lassen, Knödel formen und diese
in Butterschmalz schwimmend herausbacken,
bis sie eine schöne Lärchenfarbe haben. Serviert
werden sie auf der Rocheralm mit Sauerkraut,
sie schmecken aber auch in der Rindsuppe
hervorragend.

Schlenken

Tennengebirge über das Hagengebirge zu Hochkönig und Hohem Göll. Fünf Minuten nach der Formausiedlung zweigt der Steig über die „Jaganasn" zum Schlenken ab und führt über den Hochsattelgrat in einer Dreiviertelstunde zum Gipfel. Dieser Steig erfordert Trittsicherheit und Schwindelfreiheit.

Der breite Almweg steigt von Formau weiter durch den Wald in 35 Minuten zur Zillhütte an, die bereits oberhalb der Baumgrenze liegt. Botaniker werden hier ihre Freude haben, sind doch Baldrian, Johanniskraut, Engelwurz und Kreuzkraut ständige Wegbegleiter. Die vielen Kräuter haben Sennerin Ingrid auf der Schlenkenalm auch dazu verleitet, sich mit ihren Wirkungen zu beschäftigen und daraus Salben gegen allerlei Wehwehchen herzustellen. Zum Gipfel des Schlenken beträgt die Gehzeit von der Zillhütte nur mehr eine halbe Stunde. Auch dieser Weg führt durch eine bunte Flora. Je nach Fortschreiten des Almsommers blühen Schusternagerl, Huflattich, Enzian, Hirtentascherl, Blutwurz, Almrausch, Wilder Majoran, Spitzwegerich und im ausklingenden Sommer die Silberdistel.

Das Gipfelerlebnis Schlenken zählt wohl zu den schönsten im Tennengau. Hier reicht die Sicht an einem klaren Tag von der Osterhorngruppe zu Höllengebirge, Totem Gebirge, Gosaukamm und Dachstein und schweift von den Schladminger Tauern zu Tennengebirge und Hochkönig. Hoher Göll, Watzmann, Hochkalter, Loferer Steinberge und der Untersberg liegen ebenfalls im Blickfeld.

Die Zufahrt zum Ausgangspunkt unserer Wanderung auf den Schlenken beim Gasthof Zillreith erfolgt vom Adneter Ortsteil Seefeldmühle an der Wiestalstraße über die Wimbergstraße Richtung Krispl. Am höchsten Punkt fällt die Straße leicht ab und nach ca. 150 Metern zweigt rechts die Spumbergstraße ab und führt vorbei am Gasthof Alpenrose zum Parkplatz beim Gasthof Zillreith. Als Erstes kommt man am Weg gleich nach 10 Minuten zur Halleiner Hütte der Naturfreunde. Auf die Gäste warten hier vor oder nach der Schlenkenwanderung Schmankerl wie Schottnocken, Suppentopf oder ein flaumiger Topfenstrudel zum Kaffee. Überdies eignet sich die Halleiner Hütte auch hervorragend, um einige Tage in dieser sanften Berglandschaft auszuspannen. 40 Schlafplätze in Betten und Lagern, eine schöne Terrasse und gemütliche Gaststuben garantieren neben der guten Küche einen angenehmen Aufenthalt.

Von der Halleiner Hütte geht es durch den Wald weiter zur Formausiedlung mit einem Panoramaausblick in das Salzachtal und vom

Der Rupertiwinkel mit dem Waginger See ist zu sehen und ebenso die Seenlandschaft von Wallersee, Fuschlsee, Obertrumersee und Mattsee.

❧ Gehzeit von Zillreith zur Zillhütte 1 Stunde, 280 Höhenmeter, und von Zillreith zum Schlenken 1,5 Stunden, 540 Höhenmeter.

Zillhütte ❧ (1390 m)

Die 106 Hektar große Schlenkenalm ist eine Genossenschaftsalm von sechs Besitzern, von denen nur die Zillhütte von Josef und Ingrid Weißenbacher vom Zillgut den ganzen Sommer über touristisch bewirtschaftet ist. Aufzeichnungen zufolge reicht die Geschichte dieser Almhütte bis zum Urgroßvater des jetzigen Besitzers zurück, der die Alm seinerzeit

unter großen finanziellen Anstrengungen gekauft hat und seinen Nachfolgern eine gut geführte Almwirtschaft übergeben konnte. 1989 übernahm Josef Weißenbacher den landwirtschaftlichen Betrieb von den Großeltern.

Die alte Almhütte war baufällig, und so wurde 50 Höhenmeter über dem alten Standpunkt eine neue mit angeschlossenem Stall errichtet. Schon während der Bauzeit kamen Wanderer vorbei und wurden provisorisch bewirtet. So wuchs beinahe von selbst der reine Almbetrieb zu einer Almeinkehr mit feinen Produkten aus der Landwirtschaft und Käsespezialitäten der „Genuss Region Tennengau". Knödelsuppen und herzhafte Brettljausen schmecken den Besuchern ebenso wie die verschiedenen selbst gemachten Säfte und das Almpfandl der Sennerin Ingrid.

Almpfandl der Sennerin Ingrid

Zutaten ❧

etwas Butter
½ Zwiebel
7 Scheiben Bauch-
oder Karreespeck
4 Eier
7 Scheiben Käse
Gurkenscheiben, Tomaten und
Essiggurkerl zum Garnieren

Zubereitung ❧

Die Zwiebel in Scheiben
schneiden und in Butter
anschwitzen, gleich mit
Speck belegen und die Eier
daraufschlagen. Mit den
Käsescheiben zudecken und
fertigbacken, bis der Käse
geschmolzen ist.
Mit Gurkenscheiben, Tomate
und Essiggurkerl garnieren.

Information ❧

Zillhütte, Josef Weißenbacher

Spumberg 43, 5421 Adnet

Tel.: +43 (0)664 1029601

Bewirtschaftet von Anfang Juni

bis Ende September

St. Koloman ♥ Trattberg

Von St. Koloman führt eine Panoramastraße zum Trattberg, einem interessanten und familienfreundlichen Wanderparadies. Als Erstes liegt an einem aussichtsreichen Platz am Beginn des Almgebietes die Enzianhütte der Hildegard Ramsauer-Pröll, einer Schwester der Jahrhundertsportlerin und Skilegende Annemarie Moser-Pröll. Die Terrasse punktet mit einer Aussicht zum Untersberg und dem Blick auf Hallein und auf Teile Salzburgs. Neben vielen größeren und kleineren Gerichten ist besonders das Bergsteigerpfandl ein kulinarisches Highlight auf der Karte. Das sind faschierte Laibchen mit Schwammerlsoße, Kartoffeln und Salat.

Direkt von der Enzianhütte führt ein dreiviertelstündiger Anstieg zum 1757 Meter hoch gelegenen Gipfelkreuz des Trattberg. Am höchsten Punkt der Panoramastraße liegt der Aussichtspunkt Schröck, von wo aus Gosaukamm, Dachstein, Tennengebirge und Hochkönig zu betrachten sind.

Bei der Fahrt hinunter zum Parkplatz fallen die kilometerlangen Steineinfriedungen der umliegenden Anger auf, die ein Bild wie eine Landkarte abgeben. Das Almgebiet selbst liegt auf einem Gletscherschliffplateau, weshalb der Boden nur eine dünne Humusschichten aufweist. Sämtliche Almhütten stehen direkt auf riesigen Steinplatten, die oft von Furchen, geschaffen durch fließendes Wasser, durchzogen sind.

Zu den beliebten Wanderungen rund um den Trattberg zählt die Kammwanderung über den Hohen First (1718 m) zum Dürlstein (1697 m), wo es im Abstieg hinunter zur Moosangerlalm und weiter über den Almweg zurück zum Parkplatz geht. Die Moosangerlalm liegt inmitten eines wahren Bergblumenparadieses. Viele seltene Alpenblumen und Kräuter wachsen oft direkt aus den Ritzen der Kalksteinspalten. Farne, Schwarzbeersträucher und Almrausch zieren die Umgebung der Almhütte. Die Route lässt sich aber auch beliebig vom Dürlstein über das Gruberhorn (1723 m) und Regenspitz (1675 m) bis zu den Bergalmen fortsetzen.

Die Moosangerlalm ist aber auch Ausgangspunkt für eine Wanderung zum Hochwieskopf (1754 m), wobei der Weg über die Hochwiesalm und das sogenannte „Schiache Loch" führt.

Vom Parkplatz am Trattberg laden in nächster Nähe zwei musikalische Hütten zur Einkehr: die Wimmerhütte der Familie Wimmer, vor der Kulisse des Schlenken und Schmittenstein, ist bekannt für gute Bauernkrapfen, Pofesen, Almjause und hofeigene Produkte; links davon liegt die Christl Alm der Familie Neureiter. Beide Hütten sind auch mit Kinderwagen und Rollstuhl erreichbar. Für Kinder gibt es schöne Spielplätze.

Christl Alm ☙ (1500 m)

Die Christl Alm von Sepp und Beatrix Neureiter liegt am Hintertrattberg, eingebettet zwischen Trattberg und Frunstberg. Sepp und sein Sohn Florian sind weitum für ihre Musikalität bekannt und wenn die beiden auf der Knopfharmonika spielen, kommt immer eine ausgelassene Stimmung auf. Wirtin Beatrix spielt ihre großen Qualitäten vor allem in der Küche aus. Die Almheusuppe duftet, es lachen einen Pofesen an wie angeschnitte Golddukaten, und auf jene, die Deftiges lieben, warten Fleischkrapfen oder Geselchtes mit Knödel. Beliebt ist auch die Topfentorte.

Almheusuppe

Die mit Steinzäunen eingefriedeten Mähder der Trattbergalmen garantieren ein rein biologisches Almheu. Der herrliche Heugeruch nach der Mahd brachte die Sennerin Beatrix auf die Idee, eine Heusuppe zu kreieren.

Zutaten für 3 Teller ✎

Ein festes Büschel frisches Heu, so viel wie mit einer Hand umfasst werden kann
1 l Wasser
75 ml Rindsuppe
1 Stamperl Rahm
Salz und Pfeffer
1 EL Butter
2 EL Mehl
geröstete Schwarzbrotwürfel

Information ✎

Christl Alm

Sepp Neureiter

Hornstraße 88, 5423 St. Koloman

Tel.: +43 (0)664 3833543

E-Mail: christina.neureiter@gmx.at

www.christl-alm.at

Bewirtschaftet von Ende Mai bis Ende Oktober

Zubereitung ✎

Wasser zum Kochen bringen. Anschließend das kochende Wasser vom Herd nehmen und das Heu hineinstreuen. Zugedeckt eine halbe Stunde ziehen lassen. Aus Butter und Mehl eine helle Einbrenn zubereiten und abkühlen lassen. Das Heu abseihen und den Sud wieder zum Kochen bringen. Dann mit der Rindsuppe, Salz und Pfeffer würzen und die abgekühlte Einbrenn in die kochende Suppe einrühren. Zum Schluss mit dem süßen Rahm verfeinern und mit gerösteten Schwarzbrotwürfeln servieren.

Die zwei Almen liegen am Sattel zwischen Tauglboden und Hintersee und sind Ausgangspunkt für viele Wanderungen. Hausberg der Bergalm ist das Bergköpfl (1480 m), das in einer halben Stunde erreichbar ist.

Beliebtes Wandergebiet ist auch der Regenspitz (1676 m), dessen Besteigung über 400 Höhenmeter rund eine Stunde dauert. Auf diesem Berggipfel breitet sich die gesamte Osterhorngruppe vor dem Betrachter aus.

Ein ganz besonderes Wanderlebnis ist der Höhenweg, der die Bergalm mit dem Trattberg verbindet. Stets in fast gleicher Höhe werden die Abhänge von Regenspitz, Gruberhorn, Dürlstein und Hohem First gequert. Beschrieben ist diese gesamte Bergseite in den Karten als Reinsbergsteig. Von der Bergalm zum Trattberg (1438 m) sind zweieinhalb Stunden zu berechnen.

Von Hintersee führt der Anstieg zur Bergalm vom Parkplatz beim Satzstein über einen Forstweg seitlich des Tiefenbachgrabens, der auch Abkürzungen bietet. Wald und Lichtungen wechseln sich ab, bis nach eineinhalb Stunden die Bergalm erreicht ist.

Großer Beliebtheit erfreut sich die Wanderung von Gaißau ab dem Parkplatz beim Lasserbauer. Von hier geht es zunächst zur Looswand und zum Fuß des Gipfelaufbaus vom Schmittenstein und weiter zum Sattel der Bergalm. Ein leicht begehbarer Weg, der etwa eineinhalb Stunden dauert.

Unterhalb des eiszeitlichen Gletscherschliffes von St. Koloman zweigt die Zufahrt in die Sommerau ab und führt entlang der Tauglbodenstraße etwa 8 Kilometer taleinwärts zur schön renovierten und bewirtschafteten Grundbichlalm. Unterwegs fordert ein Hinweisschild zum Blick in die Taugler Strubklamm auf.

Bei der Grundbichlalm beginnt dann eine einstündige Waldwanderung auf einem Forstweg. Erst kurz vor dem Almgebiet endet der Wald und der Blick zum Gruberhörndl und zum Regenspitz sorgt für das erste „Aha-Erlebnis", welches sich bei einer Drehung mit dem Blick zu Hagengebirge, Hochkönig, Tennengebirge und Hohem Göll bis zum markanten Schmittenstein noch verstärkt.

Bergalm ~ (1256 m)

Die Bergalm wird von Familie Walkner und ihren Vorfahren seit 1890 bewirtschaftet. Idyllisch liegt die Almhütte vor der Kulisse des Schmittenstein inmitten blühender Weiden und wurde immer wieder den neuesten Anforderungen angepasst. Mit auf der Alm sind neben den Bauersleuten Andreas und Elisabeth auch die Altbauersleute Anni und Michi als die guten Geister, die überall mit anpacken, wo es notwendig ist.

Aus der Almküche locken neben Fleischkrapfen ausgezeichnete Suppen und raffinierte Aufstriche. Natürlich gibt es auch die unentbehrliche Almjause, die mit einem köstlichen Gebäck serviert wird: dem Bierweckerl nach einem Rezept der Sennerin und Altbäuerin Anni, welches leicht und schnell zubereitet ist.

Neureithütte ~ (1250 m)

Bewirtschaftet wird die Bergalm-Neureithütte von Hanni und Hans Siller vom Oberneureitgut in St. Koloman, die jedes Jahr Anfang Juni mit Sack und Pack, Kindern und Vieh über den Sommer auf die Alm ziehen. Dieser Umstand veranlasste die Bauersleute Ende der 1980er-Jahre, eine neue Hütte zu bauen, um der Familie und den Gästen einen angenehmen Almsommer zu ermöglichen. Seit 1992 bewirtschaften sie nun mit viel Freude und Liebe die Alm. Täglich werden sieben Kühe gemolken und die Milch direkt auf der Alm zu Butter, Käse und Topfen verarbeitet. Die anfallende Molke wird an die Schweine verfüttert, deren Fleisch dadurch besonders fein und schmackhaft wird.

In der Küche verwertet Hanni vorwiegend Hof- und Almprodukte. Das Bauernbrot, welches zum herzhaften Speck von den Almschweinen und der

Almjause gereicht wird, bäckt Mutter Lore am Bauernhof. Bekannt ist die Bergalm-Neureithütte wegen der schmackhaften Pofesen und dem Taugler Suppentopf.

Dieser hat eine besondere Tradition. Eine Woche vor einer Hochzeit ist es in St. Koloman Brauch, dass die Nachbarn des Bräutigams oder der Braut einen sogenannten „Hennatanz" veranstalten. Mit Böller-schüssen wird dabei der Abschied aus dem Ledigen-stand gefeiert. Am Abend wird die „Schießersuppe" serviert, deren Rezept die Grundlage für den Taugler Suppentopf ist.

Als Tradition hat sich in den vergangenen Jahren auf der Bergalm-Neureithütte das Sänger- und Musikan-tentreffen am ersten Sonntag im Oktober etabliert.

Information ✍

Bergalm, Familie Walkner

Lehenweg 71, 5423 St. Koloman

Tel.: +43 (0)664 3574992

E-Mail: walkner.andreas@aon.at

Internet: www.bergalm.info

Information ✍

Bergalm-Neureithütte, Familie Siller

Neureitweg 36, 5423 St. Koloman

Tel.: +43 (0)6241 323, oder (0)664 4413012

E-Mail: info@bergalm-neureithuette.com

www.bergalm-neureithuette.com

Geöffnet von Ende Mai bis Ende Oktober

Annis Bierweckerl

Zutaten für 12 Weckerl ✎

600 g Weizenmehl
1 Teelöffel Salz
1 Packung Backpulver
Brotgewürz
1 Flasche Bier

Zubereitung ✎

Alle Zutaten vermengen, auf einen Klumpen zusammenrühren und mit dem Löffel in zwölf Portionen teilen. Bei 140–150 °C 40–45 Minuten backen. Am besten mit Butter bestrichen als herzhafte Jause genießen.

Taugler Suppentopf

Zutaten für 4 Portionen ✎

600 g Rindfleisch
1 kleines Stück Suppenfleisch (vom Rind)
Rindsknochen
3 l Wasser
1 Bund Suppengemüse
3 Karotten
4 Semmeln
Suppengewürz, Salz, Pfeffer
½ Zwiebel
Schnittlauch

Zubereitung ✎

Suppenfleisch und Rindsknochen heiß abspülen, die halbe Zwiebel auf die Herdplatte legen und richtig dunkel anrösten. Das Suppengemüse und die Karotten mit Knochen und das Suppenfleisch in dem Wasser sehr lange (3–4 Stunden) köcheln lassen. Anschließend abseihen und die Flüssigkeit mit Salz, Pfeffer und etwas Suppengewürz abschmecken. Die im Ganzen mitgekochten Karotten werden für den Suppentopf in Scheiben geschnitten.

Zugleich mit der Rindsuppe die 600 g Rindfleisch extra in Wasser kochen (der Absud ist trüb und wird auf der Alm an die Schweine verfüttert). Anschließend das Fleisch abkühlen lassen und feinwürfelig schneiden. Die Semmeln in Scheiben schneiden. Zum Anrichten die Semmelscheiben in den Suppentopf legen, darauf eine Handvoll Rindfleisch setzen, dann die Karottenscheiben und den Schnittlauch. Abschließend die klare Rindsuppe hineinschöpfen.

Hintersee ♥ Gruberalm

Das Almgebiet der Gruberalm zählt zum Alm-erhaltungsprojekt der Landesregierung. Es wird auf die Freihaltung der Weideflächen geachtet (Schwenden der wild wuchernden Stauden), um die Artenvielfalt der Gräser und Kräuter zu bewahren. Ziegen- und Schafhaltung trägt ihrerseits dazu bei, Zwerghölzer im Zaum zu halten und die langen, groben Gräser abzuweiden, was wiederum eine Reduktion der Lawinengefahr bedeutet.

Drei Almhütten finden sich auf dem Almboden: die Hinterleitenhütte der Familie Kühleitner, die Hintergrubenbachhütte der Familie Oberascher und die Mayerlehenhütte der Familie Matieschek. Auf allen drei Hütten sind Wanderer stets willkommen.

Von Hintersee erfolgt die Zufahrt zum Parkplatz Lämmerbach (2,5 km). Hier beginnt die Wanderung zur Gruberalm über den Forstweg. Nach einer Viertelstunde zweigt der Gruberalmweg vom Genneralm-Güterweg rechts ab und geht am Gruberalmbach-Wasserfall vorbei. Nach weiteren 500 Metern steigt der Almweg nach links abzweigend an und führt direkt in das Herz der Gruberalm, die in einem Kessel, eingebettet zwischen Gennerhorn, Gruberhorn und Regenspitz, liegt. Auf der Gruberalm weiden um die

40 Rinder. Die Mayerlehenalm ist mit Pinzgauer Rindern beschickt, deren Milch zum Teil auf der Alm verarbeitet wird. Den Sommer über leuchten verschiedenste Almblumen in allen Farben. Beginnend mit dem Bärlauch blühen bald auch Storchenschnabel und Taglichtnelken. Die Silberdistel, deren Fruchtteil ähnlich wie Sauerteig schmeckt, wird auch „Jagabrot" genannt und zeigt sich im beginnenden Herbst.

Auf der Gruberalm beginnt ein schöner Rundweg über die Feichtensteinalm (1300 m), zu der ein leicht begehbarer Weg in einer Stunde führt. 140 Jahre alt ist die Stegleitenhütte auf der Feichtensteinalm. Sie wird von Bäuerin Heidi Weikl bewirtschaftet, die ihren Gästen Hofprodukte und köstliche Mehlspeisen

serviert. Geöffnet sind diese Almen durchwegs von Ende Mai bis Oktober. Der Abstieg erfolgt dann zum Satzsteinmoahof und weiter entlang des Wasser-Zauber-Erlebnisweges zum Satzstein, wo es im Anschluss entlang der Straße nach Hintersee geht. Die gesamte Runde von Lämmerbach zur Gruberalm, weiter zur Stegleitenhütte und zurück nach Hintersee und zum Ausgangspunkt dauert vier Stunden.

✍ Gehzeit zur Mayerlehenhütte:
   45 Minuten, 240 Höhenmeter.

Mayerlehenhütte ✍ (1036 m)

Von den drei Almhütten auf der Gruberalm ist die Mayerlehenhütte die ursprünglichste und noch im Urzustand erhalten. Mit dem Almbauern Werner können Exkursionen unternommen werden. Es gibt die „Schule auf der Alm", um das Almleben der Jugend näherzubringen. Das Übernachten im Heu, im Matratzen- oder Holzknechtlager wie anno dazumal stellt sich dabei als besonderes Abenteuer heraus. Weiters ist viel über die Lebens- und Arbeitsweise, die Almkultur und über Pflanzen und Tiere zu erfahren.

Nach der morgendlichen Almarbeit ist Sennerin Lisi damit beschäftigt, alles für die Almbesucher herzurichten. Dazu gehören die Herstellung des frischen Germteigs für die Bauernkrapfen, das Füllen der Fleischkrapfen, das Anrichten des Kaspressknödelteiges und die Vorbereitungen für das Hollerkoch mit Topfennockerln.

Zu den Gerichten werden gerne selbst erzeugte Säfte gereicht, die je nach Saison von Traubenkirschensaft über Waldmeistersaft zu Lindenblütensaft, Holler- und Schafgarbensaft reichen. Diese Säfte können auch ab Alm gekauft werden. Zur Almjause gibt es, neben den Almprodukten, auch Speck von Mangalitzaschweinen.

Information ✍

Gruberalm, Lisi und Werner Matieschek

Lämmerbach 11, 5324 Hintersee

Tel.: +43 (0)664 5350057

E-Mail: mayerlehen@gruberalm.at

www.gruberalm.at

Bewirtschaftet von Anfang Juni

bis Ende September

Hollerkoch mit Topfennockerln

Zutaten für die Nockerln ✍

200 g Topfen
75 g Staubzucker
1 Eidotter
½ Zitrone (Schale und Saft)
Vanille
Salz
250 ml Schlagobers

Zubereitung ✍

Topfen mit Zucker, Dotter, Vanille,
und einer Prise Salz verrühren
und zuletzt das geschlagene Obers
unterheben. Etwa zwei Stunden
in den Tiefkühler stellen und
anschließend mit einem Löffel Nockerl
formen und auf dem Hollerkoch servieren.
Eventuell mit Minze garnieren.

Zutaten für das Hollerkoch ✍

125 g Hollerbeeren
1 säuerlicher Apfel
125 g Zwetschken
Vanille, Zimt
Zucker nach Geschmack

Zubereitung ✍

Hollerbeeren waschen und von den Stielen
zupfen. Äpfel schälen und blättrig schneiden.
Zwetschken waschen, entkernen und klein
schneiden. Alle Zutaten bei kleiner Hitze etwa
½ Stunde kochen. Eventuell nachsüßen.

Rezept- und Abkürzungsverzeichnis

Rezepte ❧

Almbrot 86
Almererknödel 135
Almheusuppe 147
Almkräuterstrudel auf Wildblütensalat 6
Almpfandl 142
Almwuzl 51

Bachna Ochsenschoas 71
Bauernkrapfen 131
Bierweckerl 151
Blunzengröstl 120
Blutwurstschnitzel 125
Butterkräuternudeln 82

Eierschwammerlkrapferl mit Süßkraut . . 110

Farferlsuppe 96
Faschierte Wild-
und Rindfleischlaibchen 39

Gasteiner Holzknechtmuas 93
Gebackene Apfelradln 27
Gefüllte Palatschinken
mit Kräuterfrischkäse 59
Grünkernlaibchen mit Joghurtsoße 43

Hollerkoch mit Topfennockerln 157
Hirschragout 14

Kasnocken 105

Lampischwärfi oder Buamazipfei 79
Lärchenknödel 138
Lungauer Rahmkoch 117

Melkermuas 14
Moosbeeromelette 23

Oischneidnidei 19

Pfifferlingsuppe 30
Pinzgauer Kaspressknödel 37
Pongauer Fleischkrapfen 75

Roggen Bladln 89

Salzburger Schnitzel 108
Schwarzbeerlikör 35
Speckkirchl mit Kräutertopfen 47

Tafelspitzsülze 61
Taugler Suppentopf 151

Wetzstoanudeln 100

Zitronenmelissensaft 35
Zwetschken- oder Marillentatschi 54

Abkürzungen ❧

l . . . . Liter
ml . . . . Milliliter
g . . . . Gramm
kg . . . . Kilogramm
TL . . . . Teelöffel
Msp . . . . Messerspitze
Pkg . . . . Packung

SALZBURGERLAND.COM

Impressum

Bibliografische Information der Deutschen Nationalbibliothek
Die Deutsche Nationalbibliothek verzeichnet diese Publikation
in der Deutschen Nationalbibliografie; detaillierte bibliografische
Daten sind im Internet über http://dnb.d-nb.de abrufbar.

© 2013 Verlag Anton Pustet, 2. Auflage 2013
5020 Salzburg, Bergstraße 12
Sämtliche Rechte vorbehalten.

Alm- und Foodfotos: Herbert Gschwendtner
Alle anderen Bilder verwendet mit Genehmigung von Shutterstock.com

Grafik, Satz und Produktion: Tanja Kühnel
Lektorat: Martina Schneider
Druck: Druckerei Theiss, St. Stefan im Lavanttal
Gedruckt in Österreich

ISBN 978-3-7025-0704-6

www.pustet.at